Success15

サクセス15　January 2012
http://success.waseda-ac.net/

CONTENTS

The University of Tokyo Vol.011

text by Tommy

東大への近道

持っていたはずの受験票が…

2009年2月25、26日…私にとって人生で一番緊張したといえる2日間、東大の入学試験です。

今回は、東大入試のリアルな様子をお伝えしつつ、試験本番に臨む姿勢についてのアドバイスをしたいと思います。

試験当日の朝は、緊張と寒さで震えながら駒場東大前駅に向かったのを覚えています。開場前の門には受験生だけでなく、応援に駆けつけた学校や塾の先生がた、東大生、取材のスタッフなど大勢の人でお祭騒ぎでした。みなさんも試験会場でたくさんの受験生を見て不安に感じるかもしれませんが、周りをまったく無視するか、あるいはお祭だと思って楽しんでしまうくらいの気持ちでいましょう。

開場してすぐに自分の受験する教室に入りました。個人の好みもありますが、私は試験会場にはできるだけ早く着いて、その環境に慣れる時間をたくさんとった方が実力を発揮できると思います。試験会場の教室で勉強するよりも、建物のなかやキャンパス内を散歩しながら、「自分はこのキャンパスに通っている学生なのだ」と思い込むくらい会場をホームにするように意識していました。

当日も教室に荷物を置いて散歩に出かけようと思ったのですが、ここで事件が起こりました。ついさっきまで持っていたはずの受験票が見つからないのです。試験開始まで25分、私は大学内を散歩どころか全力疾走で走り回りました。どうにも見つからずに試験本部に駆け込んで急いで事情を説明します。大学スタッフの方々が「大丈夫ですよ、必ず受験できますから」と繰り返し気遣ってくださったのが印象的でした。

結局問題なく受験できたのですが、みなさんはくれぐれも受験票などを忘れないように注意してください。ちなみに私の友人は筆記用具を忘れ、試験監督から借りて合格したというエピソードもあります…。

朝から走って緊張がほぐれたのか、試験自体はとてもリラックスして受けられました。よく試験前に「やってやる!」と意気込む人もいますが、私はむしろいかにリラックスするかを意識していました。受験当日は嫌でも気持ちが高まるものですから、あまり気合いを入れすぎて空回りしないようにしたいところです。

平常心を保つのに一番効果があるものは、願かけかもしれません。毎日使ってきたノートや参考書、プレゼントでもらったお守りなど、日ごろから身近にあるものを試験会場で見ると心が落ち着きます。ちなみに私は、こだわりのある鉛筆と消しゴムを使うことで平常心を保つ努力をしました。

東大の試験は1教科2時間から2時間半という長丁場です。どんなに集中力があっても、1日中、集中し続けるというのは不可能だと思います。私は試験の中休みにストレッチをして身体を動かして頭を休めました。また、試験中であっても大問と大問の間には、1度深呼吸をしてインターバルを設けるように決めていました。日頃の模擬試験などの機会から、ペース配分や集中力を持ち続ける練習をしておきたいですね。

すべての試験が終わった瞬間は、やはり心地よい達成感がありました。高い山を登った先には必ず美しい眺めが待っています。試験当日が最高の日になるように、1歩1歩進んでいきましょう。

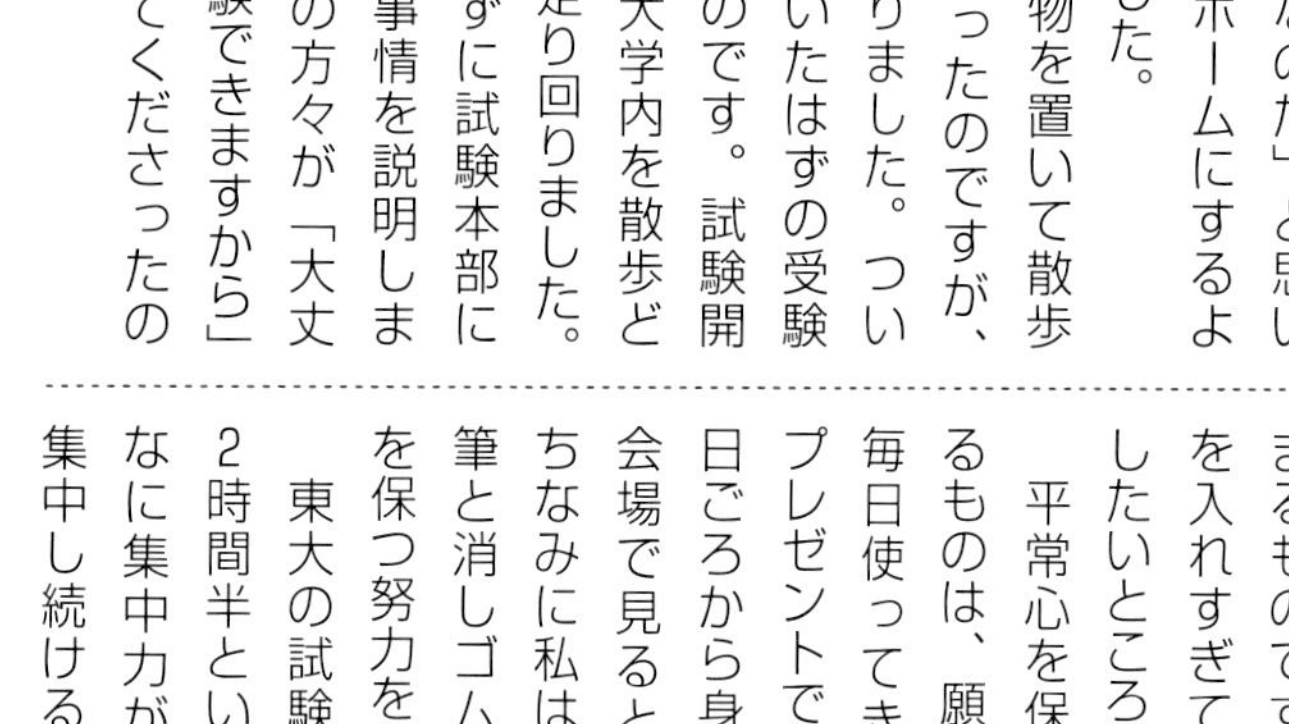

苦手も得意も ドンドン 伸ばす！

中3生向け 冬休みの 勉強法

酒井《さかい》 和寿《かずとし》先生
早稲田アカデミー
高校受験部門　統括責任者

今月号の特集は、「中3生向け 冬休みの勉強法」です。冬休みは、まとまった時間を使って受験勉強に取り組むことのできる最後の機会。受験直前期の心構えから教科別の勉強法まで、冬休みを有効に使うポイントを早稲田アカデミーの酒井和寿先生にお聞きしました。受験生のみなさん、実力はまだまだ伸びます。頑張りましょう！

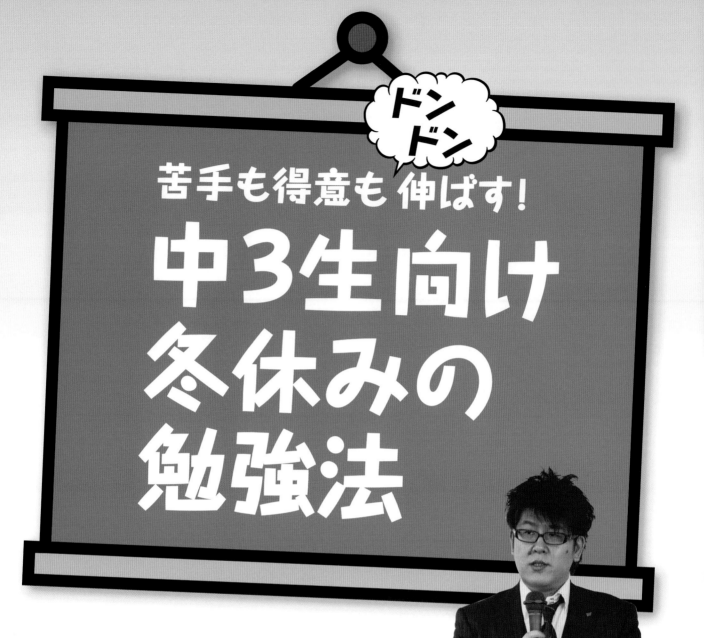

短い冬休みを
有効に使う
ポイントを伝授！

中3生の冬休みの過ごし方

教科ごとの勉強法をご紹介する前に、受験生が冬休みを過ごすうえで押さえてほしいポイントをお伝えします。心掛け1つで、勉強への集中力と効果がぐっと高まります。

第1志望校の入試本番が冬休み明けにある「つもり」で勉強！

冬休みで学力をしっかりと伸ばす一番のポイントは、「冬休み明けに自分の第１志望校の入試があると仮定して勉強する」ことです。

受験生の多くは冬休み明けの１月頭ではなく、もう少しあとの１月中盤以降から２月中にかけて本番の試験が来ると思います。しかし、実際の入試日より少し早い冬休み明けに試験があるとイメージして勉強しましょう。それにより、冬休みの時間をめいっぱい使って集中して取り組むことができるのです。また、もし仮に冬休みが終わった時点でやり残した部分や苦手を克服できなかった部分が出てきたとしても、実際の入試日まではまだ時間がありますので、３学期から入試本番までを最後の調整期間として使うこともできます。

イベントごとの多い年末年始…でも、「今年はいつもと違う！」

冬休みには、クリスマスや大晦日、そしてお正月など、年末年始のイベントが盛りだくさんです。ただし、受験を目前に控えた中３生にとっては、例年と同じように年末年始を楽しむという気持ちではいけません。受験生本人も、保護者やご家族のみなさんも「今年は受験があるから、いつもと違う年末年始なんだ」という認識を強く持つことが必要になってきます。

楽しい行事に加え、魅力的なテレビの特番など誘惑材料が非常に多い冬休み。ここで「今年はいつもと違うんだから、気を抜かないで頑張ろう！」としっかり意識して受験勉強に臨むことがなにより重要です。気を引き締めて頑張ってください。

勉強だけじゃない「入試の準備」をしておこう

冬休みにやるべきことは勉強だけではありません。入試直前の時期になって慌てないためにも、入試の事務的な準備を早めにきちんと終わらせておきましょう。例えば、５校受験する場合、調査書の用意や願書の記入などを５校ぶん準備しなければなりません。学校によっては、願書に受験生本人や保護者が書く欄を設けているところもあります。こういった出願に必要な書類の準備、出願日などの日程のチェック、また願書に必要な写真の枚数も学校ごとに確認するなど、細かな準備には思ったより時間がかかるものです。新学期が始まってからは受験勉強の最終調整で忙しくなります。事前に準備できることは冬休みのうちに済ませておくようにしましょう。

冬休みを有効に過ごすポイント

健康・メンタル

ベストを尽くすための健康管理

どんなに成績のいい生徒でも、試験の日に風邪をひいてしまったり、緊張しすぎたりして集中できなければ実力を発揮できません。受験に一番必要なのは学力ですが、学力を支える要素として体力・気力も欠かせません。学力・体力・気力の三位一体のバランスを考えていくことが大切です。とくに健康管理には気をつけましょう。規則正しい生活をしてバランスの取れた食事をすること、睡眠をしっかり摂ること、乾燥する季節ですから水分補給を心掛けること、手洗い・うがいや寒さ対策、外出時のマスクなど、健康を維持するためにできることはやりましょう。

One Point Advice

受験勉強で忙しいからといって睡眠時間を削ってまで勉強することはありません。睡眠不足で翌日の勉強が頭に入らないのでは困ります。1日6～7時間は確保できるのが理想です。

自立の心でメンタルを鍛える

不安だからと友人と一緒に塾の講習に通ったり、受験会場に待ち合わせて行ったりという人がいますが、受験は自分の問題だということを心にとめておきましょう。試験は1人で受けるもの、さまざまな場面において1人でしっかりやらなければならないと意識づけることが必要です。

不安になってネガティブに考えてしまう人もいるかもしれませんが、成功イメージを持って前向きに頑張ることで乗り越えましょう！

生 活

「やるべきこと」を書き出そう

受験が近づき「一生懸命やらなくちゃ！」という意識になってくると、気持ちばかり焦ってやるべきことを見逃したり余計なことをやってしまったりして、時間のロスに繋がることがあります。そうならないためにも、「あとこれだけやりきって入試に行くんだ」という、「やるべきことの整理」が重要になります。まず、冬休み明けに試験があると仮定し、それに向けて自分がいつまでになにをするべきなのかを書き出しましょう。次に、書き出した項目に優先順位をつけて、やり終わったら線を引いて消していきます。書き出すことで目標を整理することができ、時間も有効に使えます。不安な場合は塾の先生に「やるべきリスト」のチェックをお願いするといいでしょう。

朝型の生活リズムにしよう!

休みだからといって遅く起きたり夜更かしをしたりするなど生活リズムを変えることは厳禁です。入試は朝8～9時から行われます。静かな深夜は勉強がはかどるかもしれませんが、入試本番で目が覚めず実力を発揮できなければ意味がありません。夜型を朝型に変えるのは意外に時間がかかるものです。夜型の人は、入試直前ではなく冬休み中に朝型に変えるようにしましょう。

学 習

まずは、教材の整理整頓!

何年も塾に通って勉強をしていると、塾の教材だけでもかなりの量になると思います。これから受験までにこの教材を全部復習するというのは時間的にも難しく、またそういった勉強法はおすすめできるものではありません。自分が受験までに使う参考書や問題集はどれなのか、冬休みの勉強を始める前に、まず教材の整理整頓をしましょう。

One Point Advice

単語帳などの「暗記物」は携帯することが大事。いつも持ち歩くようにして、スキマ時間を使ってドンドン勉強しよう！ポケットやカバンに入れやすいコンパクトなサイズの暗記物があると便利です！

演習問題は「分析」が大事!

過去問などの入試演習をやる機会が多くなりますが、とくに過去問では、得点よりも結果を受けて自分の勉強を分析することが大切です。得点結果に一喜一憂せずに、「自分はここで失点したんだな」、「この学校は毎年こういう出題がされるから注意だな」など分析をしっかりとやっていくことがポイントになります。

学力は最後まで伸びる!

冬休みの勉強では、問題演習も大切ですが、英語の暗記物や理社の勉強などはやればやるほど得点に結びつくので、最後まで怠らずに取り組みましょう！

英語

得意な人は

Q これからもっと成績を伸ばすにはどんな勉強をしたらよいですか？

A これまでに模試を受けたり過去問を解いたりしたものを振り返り、どんな問題で失点しやすかったか確認してみてください。得意ななかでも点数が取りきれない問題がきっとあるはずです。どんな傾向の問題で間違えやすいかがわかれば、あとはその部分を徹底的にやりましょう。１問２問やっただけでは苦手な部分は克服できませんから、何十問もやってみてください。

Q より点数を取るための過去問活用法を教えてください。

A 過去問は、やったあとの分析が大切です。答えあわせをして終わりにするのではなく、どこで間違えたのか、なぜ間違えたのかまできちんと確認しましょう。そして、間違えた問題については徹底的に復習しましょう。できないところをフォローするための道具として過去問を利用すれば、点数向上につながりますよ。

苦手な人は

Q 英語が苦手なのですが、おすすめの勉強法はありますか。

A 苦手な人の場合にも、間違えたところを徹底してやり直すことが大切です。過去問や模試で間違えたところは、絶対に復習してください。

Q 効果的な過去問の使い方を教えてください。

A 苦手な人におすすめなのは、１度解いた過去問を、日をおいてやり直すことです。１回目に解いたときにきちんと復習しておけば、２回目には点数があがるはずです。１回目にできなかった問題も、２回目にはできるようになっているでしょう。そうすることで、自分の成長を感じることができて、やる気アップにもつながります。もちろん、２回目に過去問をやったあとも、間違えた問題の復習は忘れないでくださいね。

苦手になりやすい分野

長文読解

長文が読めないと感じている人は、志望校に見合った単語力が足りていないことが本当に多いのです。ですから、長文に苦手意識のある人は、もっと単語や熟語を覚えてみてください。このとき、とりあえず訳せるようになれば大丈夫です。書けるレベルまで持っていかなくても、長文を読むのには十分に役に立ちますよ。

リスニング

リスニングができないという人は、まず１つの単語の発音がわかっていないという場合が多いですね。極端な例ですが、「table」という単語を「タブレ」とローマ字読みで覚えていたら、ネイティブのかたが発音しているのを聞いてもなんのことだかわからないでしょう。そういう状態でＣＤを聞いてもできるようにはなりません。

リスニングが苦手な人は、まず目の前にある１つの単語をきちんと発音できるか確認してください。いろいろな単語を発音してみて、ある程度正確にできるようになったら、英検用などでかまいませんから、ＣＤを聞いて練習をしてみましょう。

メッセージ

学力は入試当日まで伸びます！苦手な人は、それを信じて最後までしっかりと勉強を続けてください。得意な人も、自信を持って本番に臨めるよう、最後まで頑張ってください。

公立志望者の併願校対策

基本的には、公立の対策を中心にしつつ、私立の過去問も解いていけばいいでしょう。ただ、注意してほしいのは、私立併願校の出題傾向が公立と全然違うという人です。出題傾向があまりにも違うと、どうしても私立の対策に時間を取られてしまいます。でも、そうすると公立の勉強がおろそかになってしまいがちです。本当に公立が第一志望であれば、あまり裾野を広げないようにした方がよいでしょう。過去問での対策はしておくべきですが、傾向の違いをつかんでおければそれで大丈夫ですから、公立の勉強に重きをおいてください。

数学

得意な人は

Q もっと成績を伸ばすには どんな勉強をしたらいいですか？

A 数学は「わかる」と「できる」の違いがとても大きく影響してくる教科です。数学が得意な人のなかには、問題の解き方がなんとなくわかっていても、実際に解いてみると最後までできないという人もいるのではないでしょうか。そういう場合は、単元別に復習をしてみるなどして、自分のなかで解法の引き出しがスムーズに開ける練習をしましょう。どんな問題も、「わかる」レベルから「できる」レベルに引きあげることが重要です。

Q 点数を伸ばすための効果的な過去問のやり方を教えてください。

A 答え合わせをしたあとにきちんと解答用紙分析をすることが大切です。得意な人の場合は、過去問が「点取りゲーム」になっていて、点数をつけるだけで終わっていることが多いのです。せっかく過去問を解いても、それでは意味がありませんから、どこで失点したのかを確認しましょう。本当はできたはずなのに、ちょっとしたミスで間違えた問題があれば、それはミスをなくしてもっと高い点数を取らなければならないということです。分析をすることで、過去問を活用していきましょう。

苦手な人は

Q 数学が苦手なのですが、どうしたら点数が取れるようになりますか。

A 一部の入試問題を除き、数学は、加点法の科目だということを覚えておきましょう。例えば最初の計算問題をミスしないようにしたり、大問のなかの１問目をちゃんと解けるようにしてみてください。そうすると、少しずつ点数を積みあげることができます。

Q 効果的な過去問演習のやり方を教えてください。

A まずはしっかりと時間を計りましょう。そして、大問のなかの１問目を確実に解けるように力を入れましょう。例えば関数なら点の座標を求める問題や、図形なら角度を求める問題など、大問の１問目には基本的な問題が出るのが普通です。私立の入試問題や、公立の独自問題は満点を取る必要はなく、だいたい60点取れれば合格です。ですから、計算小問集合と大問の１問目を確実に解いていくことで点数を積み重ねましょう。

Q 点数アップにつながりやすいポイントはありますか？

A すぐに点数が上がるのはやはりはじめの小問です。因数分解などの基礎を固めて、小問できちんと点数を取りましょう。

苦手になりやすい分野

図　形

図形問題をしっかり解けるようになるためには、視覚的な慣れが必要です。有効な補助線を１本引けるかどうかは、図形問題に慣れているかどうかにかかっています。この分野が苦手な人は、とにかく数を多くこなすことで、図形を見るときのコツをつかみましょう。基本的な問題からでいいので、勉強する機会を増やせばかなり解けるようになってくると思います。

メッセージ

得意な人も苦手な人も、過去問などを利用して、時間をうまく使うトレーニングをしておきましょう。試験時間が50分なら、それをどのように使って点数を積み重ねるかが重要です。

そして、入試問題を解くうえでは「できない問題は捨てる」という判断も必要になってきます。どうしてもできなそうな問題は思いきってあきらめて、できる問題を確実にしましょう。

公立志望者の併願校対策

２つのパターンが考えられます。まずは、東京や神奈川で独自問題を扱っている学校が第１志望の場合です。そういう人は、独自問題の対策を重点的にやっておきましょう。公立の独自問題と、私立校の問題のレベルはだいたい同じですから、公立中心の対策で大丈夫です。ただ出題の形式が違ってきますので、それを確認する目的で私立併願校の過去問をやりましょう。３年ぶんくらい過去問をやれば、だいたいの形式がつかめると思います。

もう１つのパターンは、共通問題を使った公立高校が第一志望の場合です。この場合は、おそらく私立併願校の問題の方が難しいと思います。そういう人は、併願校の対策を中心にしてしまいましょう。私立の問題に集中して、難しい問題もやっておけば、公立の共通問題は比較的容易に解けると思います。ただし、公立には作図や証明のような特殊な問題がありますから、その対策は別個にやっておきましょう。

国語

得意な人は

Q もっと点数を伸ばすためには どうしたらいいでしょうか？

A 「レベルの高い」問題を解くことです。国語は文章読解の問題がほとんどですから、文章で扱われている概念が難しいものや、問題の作りの凝ったものをやるのがよいでしょう。先生に選んでもらったり、難度の高い問題集を選んでやってみてください。

Q より点数を取るための過去問活用法を教えてください。

A とにかく「失点をしない」ということにこだわってください。具体的にどうするかというと「空欄を作らない」ことです。漢字などの知識問題を完璧にすることはもちろん、記述問題も時間内にバッチリ埋めるようにしましょう。

苦手な人は

Q 国語は苦手なのですが、力をつけるためにはどうやって勉強したらいいでしょうか。

A 得点が取れるレベルの問題から始めて、徐々にレベルをあげるようにしましょう。できない問題ばかりやっていると力がつきませんし、やる気もそがれてしまいます。問題集もレベルがあまり高くなものからやってみてください。

苦手になりやすい分野

古　文

学校によっては出題されない学校もありますが、古文に苦手意識を持っている中学生は多いのでは？

高校入試における古文は、問題にされるポイントがかなり限定されていますから、そういう部分に絞って勉強しましょう。例えば、助動詞の識別や係り結びの法則などはとてもよく出題されます。

そして、高校入試で出題される古文は、文章全文を現代語訳できなくても大丈夫です！　中学校で教わる古文の知識では、文章のすべてを訳せない場合がほとんどです。ですから、文章を読んでいてわからないところがあっても、あきらめずに問題に取り組んでください。

Q 過去問演習をするときには どんなことに気をつけたらいいですか。

A 苦手意識があると、過去問になかなか手をつけられないという人が多いと思います。だから、まずは率先して過去問をやるように心がけてください。問題集などで簡単な問題をある程度解けるようになったら、過去問をやってみましょう。

また、国語は長い文章を読まなければいけませんから、集中できる環境でやるようにしてください。寝不足のときや体調の悪いときなど、頭がきちんと働いていないときにやっても意味がありませんよ。

Q すぐに得点アップにつながる ポイントはありますか？

A やはり漢字や慣用句、文法事項などの知識問題を完璧にすることでしょう。知識問題は、知っているかどうかがすべてです。知識問題がクリアできないと、少しずつ点数を落としてしまいます。どんな問題が出題されるかは学校によって違いますから、過去問で確認して、しっかり準備しておきましょう。

メッセージ

得意な人は、いまの学習をしっかり続けていきましょう。現状に満足せず、「もっと点数を取ろう！」という気持ちで、難しい問題もどんどんやってみてください。苦手な人は、国語から逃げないで積極的に取り組みましょう！それだけでも成績が変わってきますよ。

公立志望者の併願校対策

国語の場合は、公立よりも私立の問題の方が難しいという場合があります。もしそうであれば、私立の対策を中心にするといいでしょう。過去問も５年ぶんくらいをできるといいですね。志望している公立と私立のどちらが難しいかを見極めて対策をしてください。

ただ、公立には作文などの特徴的な問題がありますから、その対策も忘れないように注意してくださいね。

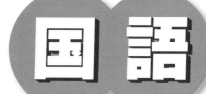

理科

得意な人は

Q もっと点数を伸ばすためには どのような対策をすべきですか?

A よりレベルの高い学校の過去問演習を行い、考え方や視点を養うことが点数アップにつながります。志望校が公立の場合は、国立の問題を、国立の場合は、関西の私立の問題にチャレンジしてみるとよいでしょう。

Q 過去問演習をするときに、気をつけることはありますか?

A レベルの高い過去問に取り組むと、レベルをあげたことによって答えがわからない、もしくは点数が取れない場合が出てくるかもしれません。そのときは、きちんと解説を読むことが大切です。答えの導き方をしっかり確認して、次につなげましょう。

苦手な人は

Q 苦手克服するために、どのような対策をすべきですか?

A 苦手な人は、理科の勉強をおろそかにしている可能性が高いです。国立や公立では３科とほぼ同配点なのでしっかり時間をとって勉強をしてください。

苦手を克服するためには、一問一答式の勉強をして、基礎的な知識を増やすことが必要です。基礎知識が身についた段階で、大問の問題に触れていき、自分の持っている知識をうまく使えるか確認をしていきましょう。

Q 苦手克服のための効果的な過去問のやり方を教えてください。

A 苦手な人は、知識が足りなくて点数を落としてしまうというケースが多いです。点数にこだわらず、過去問をやるなかで新しい知識や忘れていた知識を埋めていきましょう。そして、しっかり解説を読んで理解することが重要なポイントです。

また、公立を受検する場合は、他県の問題で力試しをしてみるのもいいでしょう。対策というよりは、演習量を増やして、どんな形で問題が出てきても対応できるような力を身につけたり、傾向をつかんだりすることを目的に、他県の問題を解いてみるのも効果的です。

Q 過去問演習をするときにどんなことに気をつけたらいいですか?

A 過去問演習をするときは、時間の配分や問題を解くときの順番が重要ポイントになります。まずは知識分野や単純に解ける問題を先に解きましょう。時間配分を意識的に行うだけでも、点数は変わってきますよ。

Q すぐに点数アップにつながる部分があれば教えてください。

A やはり暗記単元や知識単元です。とくに生物分野や地学分野に多いですね。このような単元は必ず知識を定着させておく必要があります。過去問演習をしてみて２、３回出てくるものは出題されやすい問題です。

メッセージ

どうしても3科（英・数・国）の勉強が中心になってしまう人が多いので、しっかりと時間を取って理科の勉強をしましょう。また、毎日勉強することが、点数アップにつながるので、しっかりと逃げずに勉強しましょう。

苦手になりやすい分野

物理分野

物理の実験問題が苦手な受験生は多いのではないでしょうか。物理は、まずはオーソドックスな実験問題から始め、考え方を身につけたうえで、難しい問題に進みましょう。よく入試に出題される実験問題としては、

- **レンズの実像と虚像の問題**
- **オームの法則と直列回路、並列回路の性質**
- **運動エネルギーの移り変わり**

といったものがあげられます。こうした代表的な実験問題であれば、問題を読んだだけで、答えまでの流れがわかるようにしておくのが理想的です。解法はもちろん、答えまでの流れ、別解も含めた考え方を身につけるようにしましょう。たくさんの問題量をこなして理解を深めていきましょう。

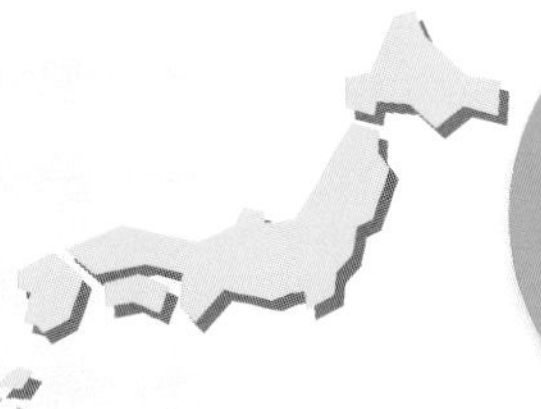

社会

得意な人は

Q もっと点数を伸ばすためには どのような対策をすべきですか？

A 国立など難関高校を受験する人で、入試に正誤問題が出題される場合は、そこを集中的にやるといいでしょう。正誤問題を勉強するときのポイントは、間違った答えをそのままにせず、ラインマーカーを引き、正しい答えを自分で書きなおし、さらに参考書や教科書を見直して理解を深めることです。大学入試センター試験と同じような難易度と形式で出題されるので、いかに正誤問題を克服するかが重要になります。

公立志望の人は、国立高専の過去問をやってみるのがおすすめです。国立高専の問題は、国立ほど難しくなく、公立の問題に形式が似ているのでいい練習になると思います。

Q より点数を取るための効果的な過去問のやり方はありますか？

A より難易度の高い学校の過去問を解いてみるのがいいでしょう。国立志望者は、関西の私立の過去問を解き、正誤問題を意識的に行うことでより力がついていきます。

公立志望者は、国立高専の過去問や、国立の過去問にもチャレンジしてみるといいですよ。

苦手な人は

Q 苦手を克服するために、どのような対策をすべきですか？

A 社会が苦手なのは、基礎的な知識が不足しているからだと思います。まずは一問一答式の問題集を使って、基礎知識を徹底的に身につけることが大切です。それから問題演習をしましょう。

苦手になりやすい分野

地理分野

社会には、歴史分野と地理分野、公民分野がありますが、このなかで一問一答的な要素が一番少ないのが地理分野です。暗記だけではどうにもならない部分が多く、苦手な受験生もいるでしょう。

地理が苦手な人は、統計資料が読めないという場合が多いですね。地理分野の問題を集中的に解いて、解答解説をしっかり確認してください。統計を見るコツをつかむことが一番効果的な勉強法です。

Q 苦手克服のための効果的な過去問のやり方を教えてください。

A 過去問演習については、集中的に行うのが最も効果的です。苦手な人でも５年ぶんの過去問を解くと、傾向やパターンがつかめます。公立レベルですと、過去問をやることで自分の苦手な部分がわかり、復習するときのポイントをつかむことができます。とくに苦手な分野があるなら、他県の過去問のなかからその分野の問題だけを抜き出して解いてみるといいですよ。数をこなせば力がついてくると思います。

メッセージ

社会は努力すれば必ず結果が出る教科です。そして、この直前期で苦手な生徒でもまだまだ伸ばすことができます。理社のある学校はたいてい3科と同じ配点ですので、しっかり勉強してコツをつかむことが成功へのカギです。

本番まで
あと少し!!

東大生に聞く 入試直前の過ごし方

高校入試本番まであと少し。受験生のみなさんにとっては、
これからの時期をどう過ごすかはとても大切です。
そこで、受験の先輩である3人の東大生に、
直前期をどう乗り越えたかを語ってもらいました。
勉強法、メリハリのつけ方、お気に入りだった勉強道具まで、
受験生だけじゃなく、中学1・2年生も必見です!

小林《こばやし》 慧《けい》くん
東京大学文学部
歴史文化学科日本史学専修課程3年
出身高校:神奈川大学附属高等学校

苗代《なわしろ》 佳奈《かな》さん
東京大学文学部
行動文化学科社会学専修課程3年
出身高校:石川県立金沢泉丘高等学校

喜多田《きただ》 佳奈《かな》さん
東京大学法学部第三類3年
出身高校:智辯学園和歌山高等学校

困ったときほど基本の確認が大切

―早速ですが、苗代さんは高校受験直前期に成績が落ちてしまったそうですね。

苗代さん　ちょうどこの時期にガタッと落ちてしまって。直前の模擬試験で全教科の総合順位が100位ぐらい下がってしまい、『ヤバい』と慌ててました。それまでは数学が得意だったのですが、その数学ができなくなって、そのダメージを引きずってほかの教科もダメになったんです。

―どうやって持ち直したんですか。

苗代さん　応用問題を解きながら、「自分は根本的に理解できてないな」と感じたので、本当に直前でしたが基礎から始めました。全然使っていなかった家庭用学習教材があったので、そのなかの基礎的な問題をどんどん解いていったんです。そのおかげでわからなかった単元の基本部分が理解でき、結果、応用問題も解けるようになりました。

家ではとくにやりたいことを制限したりはしなかったという小林くん。休んでいるときに新聞を読んだりするのも息抜きになったそう。

―喜多田さんはそういう経験はありますか。

喜多田さん　中学受験のときですが、算数ができなくて。ほかの教科が80点のところで算数だけ20点（笑）。でも受験校は算数の比率が高かったので、買った参考書をやって、個別で塾の先生に見てもらっていました。

―受験時を振り返ってみて、成功のポイントを教えてください。

小林くん　高校生のときに、塾の先生に「基本を勉強しなさい」と言われたのがよかったですね。ぼくも数学が苦手だったんですが、先生に言われた通り基礎をしっかりと勉強し続けたことで、それなりの力がつきました。勉強法としては、いくつも手を出すのではなく、1冊の参考書なり問題集をやり込むことだと思います。ぼくの場合は塾のテキストでした。

もう1つは、1年浪人して予備校に通っているときに先生に言われた「捨てる勇気を持て」という言葉です。直前期ほど「あれもこれもやらないと」という気持ちになると思うのですが、そういうときほどやるべきことを絞って勉強した方がいいということです。

苗代さん　高校時代は国語と数学が苦手でした。国語は、高3の秋の模擬試験で漢字以外全部間違いだったこともありました。高校受験でも同じような悩みの人がいると思いますが、私の場合はとにかく時間内に問題を解き終えることができなかったので、まずは問題を解き終えることを目標にしました。学校に早く来て国語の問題をひたすらに解きましたね。そのとき、問題集ではなくて、いわゆる「赤本」ばかり解いていました。

私は普通に勉強していたら、頭のいい人には勝てないと思ったので、とにかく傾向をつかもうと20年ぶん以上やったんです。学校の勉強が忙しくて、塾には通っていなかったので、添削は学校の先生がしてくれたんです。

小林くん　すごいね。いい学校だな〜。

テレビが大好きな苗代さんは、受験生時代、好きな番組を見るために、ここまでは絶対にやってしまう！と決めて頑張っていたそうだ。

苗代さん　数学は、朝早く学校に行って、先生を待ち伏せしてわからないところを聞いていました。でも、あるとき「苗代さんはわからないところがあると、すぐに『わからない』と言い過ぎるから、わからなくても、とりあえず1時間は考えるようにしなさい」と言われました。

それで、言われた通りにわからなくても考える癖をつけたら、あるときを境に、これまで解き方が全然わからなかった問題も筋道がわかるようになってきて、成績がすごく伸びたんです。

喜多田さん　ええ!?　わたしもそんな経験したかった！

苗代さん　自分でも信じられないけど、じっくり考えることで思考力がついたんだと思う。すぐに諦めがちな人には、ぜひおすすめしたいです。

―受験直前に限らず、中学生活全体を振り返って、こうしていればよかったなと思うことはありますか。

苗代さん　毎日勉強していればよかったなあと思います。定期テストの1週間前だけ勉強するようなタイプだったので、とくに歴史などはテストが終わるとすぐに忘れちゃうんですね。勉強の習慣がついていなかったので、高校に入ってからも同じような感じで、結果成績がガクッと落ちてしまった時期もありました。なので、少しずつでもいいので習慣づけておけばよかったなと思いますね。

喜多田さん　中学生のときに、塾の先生から「高校生になったら、きっと数学は伸びるよ」と言われたんです。なぜかというと、中学受験の算数は「ひらめき」の要素が問われるところが多かったと思うのですが、私はきちんと納得できないと次に進めないタイプだったからです。なので、論理的な要素が多く出てくるようになる高校になるとよくなるということだったと思うんです。それで、その言葉を勝手に信じて、中学時代は全然数学を勉強しなかったんですね。そうしたら、やっぱり伸びないじゃないですか（笑）。

それで高2ぐらいで「これでは…」と思って猛勉強しました。そのときはだれにも負けないくらい勉強したという自負があるんですが、だったら初めからやっとけばっていう。

あとは計算ですね。大学受験のときに苦労したのですが、そのときになってから計算を速くしたいと思ってもなかなか難しいと思うんです。そういう意味で高校受験はチャンスだと思います。簡単な計算問題ほど、しっかりと解く習慣をつけておくといいのではないでしょうか。

喜多田さんは、中学・高校では、その日の復習を学校で終わらせていたという。そうすると、知識の定着が早いとのこと。

小林くん　ぼくも数学ですね。やっぱり基礎を疎《おろそ》かにしていたから応用問題が解けなかったんです。そこをもっと勉強しておけばな、という思いがあります。

疲れたときにはダラダラ続けるよりスパッと休もう

―では、勉強するときに、集中して取り組むために工夫していたことはありますか。

小林くん　浪人時代は、休みの日は朝9時から勉強を初めて、10時半にちょっと休憩して、また1時間半勉強して12時ぐらいに昼食をとって、みたいな形で1時間半ずつという枠を作っていました。で、塾がある日は、必ず朝の8時半に塾に行って、自習室で同じ席に座って12時20分まで勉強する。その席が好きだったので、「ここはだれも座るなよ」っていう感じで。

苗代さん　私は大学受験のセンター試験が終わってから、これは危ないかもって思って。それからは、朝は通学の1時間半の電車でひたすら英単語の勉強をして、学校に着いたら、さっき話したように国語の赤本を解いて、ということを毎日しました。大変に見えるかもしれませんが、とにかく続けていると習慣になるんですよ。その時期には、もう学校は授業がなかったんですが、毎日通って、小林くんみたいに同じ席に座っていましたね。なのでその気持ち、すごくわかる（笑）。

喜多田さん　私はまったく逆でしたね。周りにだれかがいると、前に座っている人はあんなに勉強しているのに自分はなんだって思ってペースが乱れちゃうんですよ。

―考え過ぎじゃないですか？

喜多田さん　いや、私はそういうところの気持ちが弱くて。だから1人で部屋にこもって勉強していました。それで集中するために「勉強時間は決めないぞ」と決めました。

これは人によって合う合わないがあると思うのですが、例えば過去問の演習をして、この部分が弱い、ということが課題として出てきたら、それがちゃんと解けるまでは寝ないことにしました。でも、実際は私、11時には寝ないと次の日がダメなんです（笑）。だから寝るために自分を追い込んで頑張りました。

―でもずっと勉強はできませんよね。気持ちの切り替えはどうしていましたか。

小林くん　どうしても夕方ぐらいになると頭が重くなったりして疲れてきちゃいますよね。そういうときはスパッと外に出てました。散歩して、近くの書店で音楽を聞きながら本を読んだりして、スッキリしてから戻るんです。勉強の1時間半ずつという枠は決めていましたが、その合間の時間は柔軟にすることで、ダラダラ勉強するのではなくて、うまく切り替えることができましたね。

苗代さん　私も散歩していました。高校時代は学校で遅くまで勉強していたので、校舎中をウロウロ。クラブ活動を頑張っている後輩を見てリフレッシュしたりしていましたね。

喜多田さん　私は疲れてきたら長風呂に入っていました。買い物に行ったときに、ちょっといい入浴剤を買っておいて、それを使うんです。過去問で間違いが続いたりして「もうダメだ〜」と暗い気持ちになったときに入るといいですよ！

あとは、英語のDVDを観たりしていました。日本のアニメ映画の音声と字幕を英語にするんです。そうすると、書き言葉を話し言葉に変えないといけないので、同じ意味でも表現が結構変わっていたりしておもしろいんですよ。

―では、愛用していた勉強道具などはありましたか？

苗代さん　高校受験のときに使っていたのが、5色ぐらいでセットになっているノートです。私はとにかく書いて覚えるタイプなので、どんな教科でも書きまくるんですね。だから、どんどんノートがなくなるんですけど、それを捨てずに全部とっておいて本棚に並べるんです。そうすると、パステルカラーだったのでかわいいんですよ。しかも、私これだけやった！という気持ちにもなれるんです。大学受験でもそうでしたね。

喜多田さん　私は家で勉強するときにコピー用紙を使っていました。父のものを「ちょっとちょうだい」って大量に持ち出して（笑）。

小林くん　なんでコピー用紙？

喜多田さん　なぜかというと、白紙なので罫線がないんですよ。実際の入試の問題用紙や解答用紙も罫線はないですよね。だから、数学の図形問題で罫線に頼らずに解けるようになります。あとは、文字の大きさとかも気にしなくていいので、大きく書いて強調したりとか、とにかく自由に使えますから。それを教科書や問題集の対応する部分にはさみ込んでいました。

―最後に小林くんはなにかありましたか。

小林くん　大学受験のときなんですが、あるとき、気に入っていたシャープペンシルが壊れちゃったので、じゃあ鉛筆を使ってみようと思って鉛筆にしたんです。さらに、友だちと、どうせだったら最高級のものを、ということになって、1本150円の鉛筆を使いだしました。

苗代さん　喜多田さん　150円！

小林くん　いや、もらったりする鉛筆と比べると、ウソだろって思うぐらい書き心地が全然違うんだって！　柔らかくてサラサラ書けて。もう書き味にほれて、そのまま使い続けましたね。

苗代さん　喜多田さん　それにしても150円はすごいね〜

―勉強の仕方から、それ以外の時間の過ごし方まで、三者三様の経験が語られた座談会となりました。みなさんがこの座談会から共感できたり、参考になることを見つけ出してくれれば幸いです。

3人からみんなへのアドバイス

ここまでやったんだからと思えるぐらい突き進もう

大学受験では、現役のときに、センター試験の英語で失敗してしまいました。そのときの悔しさがあって、浪人していたときはたくさん勉強しました。そのなかでも、12月から1月の直前期は、ここまでやったんだから失敗しても仕方ないと思えるぐらいに勉強しました。例えば、苗代さんみたいですけど、赤本もいろいろな教科の20年ぶんを解いてみたりという感じですね。やらないで失敗したら後悔ばかりが残ってしまいますから。あと、直前期になると、勉強面でいろいろなところに目が行ってしまいがちです。そうすると、「あれもできない、これもできない」となってしまいますが、それに左右されず、自分のなかで各教科の勉強の軸を決めて突き進みましょう。

人のせいにせず自分で決めてやり遂げよう

受験について人のせいにしないという気持ちを持ちましょう。私は東大を受験するときに、どこの類（学部のようなもの）に出願するかということをすごく悩みました。合格できそうだけど、あとで後悔しそうな類と、難しいかもしれないけれど、本当に行きたい類。そのときに思ったのは後悔しない決断をしようということでした。合格できなかったり、できても入学したあとに後悔するような決断はしたくなかったから。

だから、みなさんも受験を考えている学校に、自分で行きたいと思って勉強を頑張ってください。そうすれば、きっとうまくいくと思うし、もし失敗しても、自分で決めたことだから、と受け入れられると思います。そういう心の準備をしておくのも大切ではないでしょうか。

自分に自信を持つことが大切

この時期にできないことがあると、すごく不安を感じると思います。初めに言ったように、私も直前に成績が落ちてしまって大変でした。それで基礎からやり直したのですが、これは、基礎を理解し直すことのほかにもう1つ効果があります。それは、基礎の問題は簡単だということです。簡単な問題からしっかり解き直していくことで、「なんだ、解けるじゃん。大丈夫」と思えるようになります。「解けない、解けない」となるとつらいですからね。自分に自信を持つことは大切ですよ。

法政大学高等学校

HOSEI UNIVERSITY SENIOR HIGH SCHOOL

SCHOOL EXPRESS　東京都　共学校　私立

未来を創り出す「確かな学力」と「豊かな人間力」を育てる

2007年4月に三鷹市牟礼に移転し、男女共学校として新たな歴史が刻まれています。付属校の特徴を活かした文・理分けしないカリキュラムと英語教育の多彩なプログラムは、生徒たちの個性を育み将来への夢を広げています。

新たなキャンパスで、未来を創り出す力を育成

法政大学中学高等学校の前身は、1936年（昭和11年）に創立された法政中学校および法政大学商業学校です。校舎は市ヶ谷の現・法政大校地にありました。その後、戦災に遭い、1946年（昭和21年）に武蔵野市吉祥寺東町に移転し、1948年（昭和23年）、新学制により法政大学第一中学校・高等学校として開設されました。

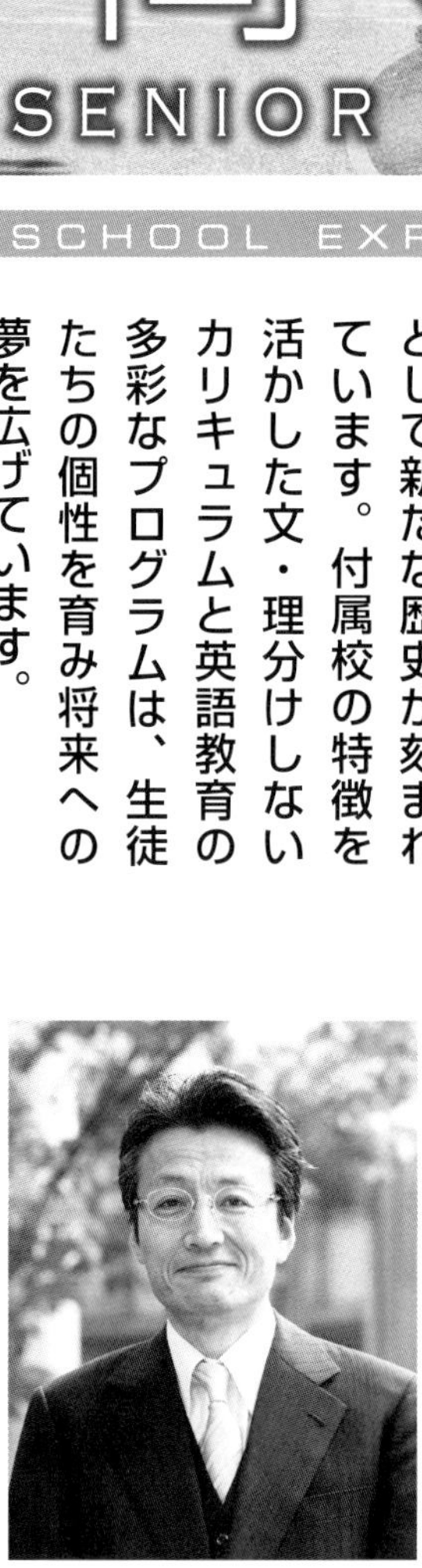

飯田《いいだ》 亮三《りょうぞう》
校長先生

2007年（平成19年）、三鷹市牟礼高山に移り、法政大学中学高等学校が開校され、男女共学がスタートしました。新しいキャンパスは、井の頭公園や玉川上水という閑静で豊かな自然環境に囲まれています。

法政大学高等学校（以下、法政高）は法政大の建学の精神「自由と進歩」を継承しつつ、「自主自律」の精神を基本としています。教育の大きな目標として、「自分と世界の未来を見据え、さまざまな人との関わりのなかで、自分をプロデュースできる『確かな学力』と『豊かな人間力』」

が掲げられています。

飯田亮三校長先生は「自己を発見し自己を実現していくには、高い知性が求められます。それには確かな学力が基礎となります。そうした基礎学力の定着と大学付属校らしい学びを追求し、仲間とともに学びの共同体を作りあげるなかで、豊かな高校生活を実現していく。地味ではありますが、こうした取り組みは、豊かな人間力を形成するために欠かせないことです。

そうして、10年、20年先の自分の将来を考え、自分で切り開いていくことができる力を育てたいと考えています。法政大は『キャリアの力をどう育てるか』というテーマを重視しています。『自分の未来を創り出す力』とは、大学と連動したものですが、時代精神に合致した問題意識を喚起し、個人の幸福追求や自己実現と社会進歩と重ね合わせられる人格形成をめざしたいですね」と説明されました。

自分の進路に合わせて科目を選択

法政大学高は3学期制で、授業は1コマ50分。月曜日から金曜日まで6時限、土曜日は午前中4時限になっています。1クラス38名（男女の人数比は半々）、6クラス編成でクラス替えは毎年行われます。中学からの内部生は4クラス（1クラス34名）で進学してきます。高校から入学する生徒は、高校1年次から内部進学者といっしょの混合クラス編成になります。

混合クラスといっても数学は内部進学者が先取りの授業内容になっているため、高1のときには2クラス3展開の習熟度別授業が行われています。

法政大学高では文系・理系のような区分けでクラス編成をしていません。高校2年次から必修選択科目の授業（現在は高2―週6時間、高3―週10時間）が設置されています。選択授業には大きく分けて次の3つの領域から講座が開設されています。

①自然科学領域＝科学的方法に基づいて事象を解明するような分野を学ぶために必要となる科目

②人文・社会科学領域＝人や、人と人との関わり全般に関する分野を学ぶために必要となる科目

③コミュニケーション領域＝国際社会で活躍するために必要となる素養を身につけることを目的とした科目

この領域から生徒は自分の進路に合わせた科目を選ぶようになります。

鈴掛祭（文化祭）

仲間とともに作りあげていく喜びを感じられます。中高いっしょに行われ、クラスごとに企画された展示やダンスなどが披露され大変盛りあがります。

文理融合により 独自のカリキュラムが可能

高校3年次では、選択科目の講座内容も大学進学後を意識し、より専門的な内容へ発展していきます。ゼミ形式の授業（2・3年次）は、主体的に学ぶ形式で行われています。「付属校で大学の進学まで見据えた指導を考えたときに、まず基礎的な学習の充実、そして個性の育成を図る選択科目の充実が重要です。文系・理系で分けないのは、全体の基礎学力の向上と専門性の高みを学ばせたいからです。大学とその先のキャリアまで視野に入れ、自分づくりの第一歩として選択科目から講座を選ばせています。（先に述べた）3つの領域は、進路の特性によって選択する際の一種のより所になります。自分の将来の進路を見据え、文系と理系の要素を融合〈文理融合〉させて、自分独自のカリキュラムを作っていけるのが特徴です。ゼミ形式の授業では、文献を読みレジュメを作り、実際にフィールドに出て聞き取りをし、最後は論文にまとめて発表させるなど付属校らしい取り組みになるよう努力しています」（飯田校長先生）

英語教育に 多彩なプログラム

各学年で「特別講座」が行われています。普段の授業ではできないような内容の講座が設置され、1学期末は夏期特別講座、2学期末は冬期特別講座で、10日間実施されています。高校3年生の3学期には、法政大へ進学するための準備的な講座も開かれています。

法政大学高では英語教育にも力が入れられています。英語教育の目標は、「英語力と国際性」「コミュニケーション能力」「豊かな感性」を育てることにあります。3年間で英語授業が多く組まれていますので、自分の言葉で表現できるスキルを身につけることができます。

また、各種資格試験を校内で受験できる環境が整えられ、各学年修了時で到達すべき資格試験の数値目標が掲げられています。高校卒業時までに英検2級あるいは準1級、TOEIC Bridge 150点、GTEC for Students 550点の取得が目標とされています。

さらに、多彩な国際研修プログラムがあります。夏季イギリス語学研修は、高校1年生の夏休みに、希望者を対象に2週間の日程で行われます。オックスフォード大語学研修は、希望者を対象に夏休みに3週間の日程で行われます。E-ICT(English Information Communication Technology)は、英語とIT技術

多彩な国際研修プログラム

希望者を対象にイギリスやドイツなどでの語学研修や、法政大付属３校によるアメリカに１年間留学制度などさまざまな研修プログラムがあります。１年間の留学後も進級できる体制も整っています。

に興味を持つ生徒を対象にカリフォルニアで実施します。オックスフォード大学語学研修とE-ICTに関しては高校2、3年次に3付属校合同で行っています。そのほか、認定海外留学奨学金制度や法政大付属校特別留学制度があり、生徒たちは目的意識を持って学んでいます。

卒業生の約85%以上が法政大へ進学

法政大学高から法政大へ進学するには、有資格者全入制度があります。これには3つの条件が必要となります。まず高校3年間の総合成績の60%をクリアできていること。そして、英語資格試験および国語基礎力確認テストで法政大が定める基準を満たすことです。

他大学を受ける生徒には、対等併願と条件付併願の制度があります。対等併願は、法政大で学位が取得できない学部（医学部など）を受験する生徒が対象とされます。この場合は法政大を第一志望として推薦資格を担保したまま受験できます。

条件付併願は、法政大で学位が取得できる学部を他大学で受験する場合です。不合格のときは、有資格者であれば法政大へ進学できますが、進学する学部は第二希望扱いとされます。

井の頭公園や玉川上水という武蔵野の森に隣接した静かな環境のもと、新しい制服を着た男女生徒が、アットホームな雰囲気のなかで学校生活を過ごしています。

飯田校長先生は「『安全・安心』『信頼と共同』という学校作りとしての基本を歩みながら、生徒と保護者、教職員の信頼関係を築きつつ、地域と共に歩む学校をめざしています。そして、大学との連携を強化し、豊かな高校生活の実現をめざしています。本校の理念を理解される生徒さんにぜひ来ていただきたいと思います」と爽やかに話されました。

ゴルフ部

弓道部

クラブ活動

クラブ活動も盛んで、9割近い参加率があります。中学生といっしょに活動している部活もあり日々練習に励んでいます。

音楽部

ラグビー部

School Data

法政大学高等学校

所在地
東京都三鷹市牟礼4-3-1

アクセス
京王井の頭線「井の頭公園」徒歩12分、JR「吉祥寺」徒歩20分

生徒数
男子393名、女子295名

TEL
0422-79-6230

URL
http://www.hosei.ed.jp/

平成23年度 法政大学進学実績

学部名	進学数	学部名	進学数
法学部	28	キャリアデザイン学部	13
文学部	21	スポーツ健康学部	4
経済学部	32	GIS（グローバル教養学部）	1
社会学部	24	情報科学部	4
経営学部	30	デザイン工学部	8
国際文化学部	9	理工学部	11
人間環境学部	11	生命科学部	5
現代福祉学部	5	合計	206

School Navi 125

広尾学園高等学校《ひろおがくえんこうとうがっこう》

東京　港区　共学校

世界で活躍できる最先端教育

創立100周年をめざしての新校舎構想

創立90年を超える広尾学園高等学校は、大使館が立ち並ぶ国際感覚溢れる広尾の街にあります。駅からも1分と交通至便で、生徒にとって安全な環境のもとで、充実した教育が展開されています。

4月に完成したばかりの9階建ての新校舎には、カフェレストランや最新設備を完備したサイエンスラボなど快適な空間があります。また、太陽光発電や雨水を利用したトイレなど環境に配慮した仕組みとなっています。もちろん耐震設計で建設されており、安心して学習に取り組める環境です。来年9月には第3校舎が完成予定で、いっそう教育環境が整います。

生徒1人ひとりに合った夢を実現

広尾学園には生徒の夢を実現するために「本科」「医進・サイエンスコース」「インターナショナルコース」の3つのコースがあります。

「本科」では難易度の高い大学進学に向け、好奇心を刺激し、さまざまな分野で活躍できるよう柔軟な授業を行っています。1年次には基礎を学び、2年次から理系・文系に分かれます。そして2年次までにほとんどの主要教科の学習を修了するので、3年次では各個人の進路に向けて全力を注げるのが特徴です。

「医進・サイエンスコース」は、医師、研究者、先端エンジニアの育成を目的として、今年から新設されたコースです。医学部、最先端の理学部・工学部を志望する生徒に対し、大学レベルの授業や医学部の入試まで想定した数学演習、英語学習をしていきます。さらに科学的思考を身に付けるために、自らテーマを設定して、チームとして研究活動を行います。これにより、実践的な思考方法を養います。

「インターナショナルコース」は、基本的に授業はすべて英語で行われます。少人数クラスで行われており、授業ではプレゼンテーションやディスカッションが多く、帰国子女やさまざまな教育環境で育ったクラスメイトと意見を出しあうことで互いに知識や理解を深めていきます。

学習指導ではとくに英語に力を入れており、「本科」「医進・サイエンスコース」では生徒1人ひとりに応じた単語テスト（V-P.L.T）が用意されています。これは朝の単語テストの解答を学習指令センターで処理し、毎日弱点を解消していけるプログラムです。このようにして語彙《ごい》力を強化しています。また、学習サポートには、普段の授業のほか、土曜日や夏期・冬期休暇に希望者を対象として、特別講座や集中講座を行い、高い学力養成を図っています。

国際教育、英語教育がますます充実したものとなっている広尾学園高等学校。今後も、世界を股にかけて活躍する生徒たちが出てくることでしょう。

School Data

広尾学園高等学校

所在地	東京都港区南麻布5-1-14
生徒数	男子335名、女子462名
TEL	03-3444-7272
アクセス	地下鉄日比谷線「広尾」徒歩1分
URL	http://www.hiroogakuen.ed.jp/

School Navi 126

大《おお》森《もり》学《がく》園《えん》高等学校

東京　大田区　共学校

君の未来をつくる力を養う

豊かな人間性と自主独立の精神を育成

大森学園高等学校は、1939年（昭和14年）に大森地区の機械工場の協力により大森機械工業徒弟学校として開校されたのが始まりです。

70年以上もの歴史を持つ大森学園高等学校は、創立以来、「創造の精神」を基に校訓「誠実・勤勉・協和・自立」を掲げ、自ら学び、自ら考え、行動・表現できる人間を育てていくことをめざしています。

2005年（平成17年）には現校名の大森学園高等学校に改名し、同時に地下1階、地上8階の最新設備を誇る新校舎が完成しました。

さらに2007年には850人収容可能なイベントホールや開放感あふれる吹き抜けのエントランス、人工芝グラウンドも完成し、充実した最高の教育環境が整えられました。

進学のための教育と教養・技術教育

大森学園では、「普通科」と「工業系」が用意されてます。

「普通科」には、理系大学進学を見据えた「理系特進コース」、文系・理系大学進学に対応する「進学コース」、大学や専門学校などさまざまな進路希望に対応する「普通総合コース」の3コースがあり、どのコースも受験対策指導に徹し、志望大学の現役合格をめざすコースとなっています。

16時から20時まで英数国の教員とチューターが常駐し、生徒個々の力に合わせたサポートを行う進学支援センター（SSC）は工業系を含め、1年生から3年生まで全員が利用でき、G－MARCH・国公立大学の合格率も年々伸びています。

また、「工業系」は、月曜日から金曜日までの週5日制で、ものづくりの精神を大切に、実習を中心としたコースとなります。

1年次には「工業系」として工業全般の基礎知識を履修し、2年次より希望と適性に合わせて、総合技術科、情報技術科、機械科、電気科の4科に分かれます。

各科とも講習や補習など先生方の強力なバックアップのもとで、1年次よりさまざまな資格試験に挑戦できるのが大きな特色です。

また、1年生では会社見学、2年生ではインターンシップ・キャリアセミナー、各学年を通じての自己表現力の向上をめざすプレゼンテーション指導を行います。ここ数年、工業系の就職内定率が100%を維持している秘訣はここにあるのでしょう。

大森学園は、このようにキャリア教育の充実をめざし、早い時期から進路意識を高めて生徒1人ひとりの希望進路の実現に向けて万全のサポート体制を整えています。

School Data

大森学園高等学校

所在地	東京都大田区大森西3-2-12
生徒数	男子898名、女子76名
TEL	03-3762-7336
アクセス	JR線「大森」「蒲田」バス、京浜急行電鉄「大森町」徒歩5分
URL	www.omori-gakuen.ed.jp

神奈川県立
多摩高等学校 共学校

石塚《いしづか》 昭司《しょうじ》 校長先生

伝統を活かしながら スタートする新しい50年

部活動や学校行事への積極的な取り組みという、これまでのよさはそのままに、学力向上進学重点教育推進校としての使命を担い、「学びのビジョン」を基にした新しい50年がスタートしています。

創立当初から続く「質実剛健」の校風

ＪＲ南武線の宿河原駅から歩いて8分、緑に囲まれた静かな環境のなかに神奈川県立多摩高等学校(以下、多摩高）はあります。

多摩高は、川崎市の北部地区が戦後発展していくのに合わせて、県立高校の設置を求める声が高まり、その要請に応える形で１９５６年（昭和31年）に創立されました。

それから56年、川崎地区のトップ校の１つとして歴史を重ね、２００７年度（平成19年度）には学力向上進学重点教育推進校に指定されました。

多摩高には、「質実剛健」、「自重《じちょう》自恃《じじ》」という2つの校訓があります。

ご自身も多摩高の卒業生である石塚昭司校長先生は「昭和40年に3代目校長の山本房吉先生が『質実剛健』を掲げ、本校の創立以来の校風を校訓として形にいたしました。現在も、その剛毅な校風は受け継がれています。それから20年あとに、もう1つの校訓として『自重自恃』が加わりました。この『自重自恃』の考えの1つとしていつも生徒たちに伝えているのは、『切り替えの重要性』です。本校は行事などが非常に活発ですの

多摩高祭（体育祭）

クラス単位ではなく、全生徒を春夏秋冬の4つに分けて競いあいます。応援合戦も見もので、各チームごとに大きなマスコットを作り応援します。

で、勉強との切り替えをしっかりしようということです。また、限られた時間を勉強、クラブ活動、行事などにどう使っていくかという『時間の効率的な使い方』を考えようとも言っています」と2つの校訓について説明されます。

基礎的な学力養成に力を入れたカリキュラム

多摩高は、2学期制の週5日制をとっており、授業は1時限45分授業で7時限まであります。1学年は7クラスで、1クラス約40名。毎年クラス替えがあります。男女比は、男子約55%、女子約45%となっています。

2学期制の場合、前期の期末考査の時期が学校によって異なります。多摩高は、昨年度より夏期休暇に入る直前の7月末に実施しています。

「一昨年度までは前期が終わる9月に行っていましたが、夏期休暇をはさんだあとに期末考査があるよりも、間を開けずに実施した方が知識の定着にいいのではないかという考えです。さらに本校は文化祭や体育祭などの大きな行事も9月にありますから、そういった点からも7月に行う方が合理的だと考えています。」(石塚校長先生)

多摩高のカリキュラムは、基礎学力の定着を重視して作られているため、入学から2年間は芸術選択を除いた全科目を必修します。こうすることで、難関国公立大も含め、生徒の希望する進路選択に対応できる学力の土台を身に付けることができます。

そして3年生になると、必修科目が「現代文」「リーディング」「ライティング」「体育」の4つになり、そのほかはすべて選択科目となります。

選択科目は全部で32（今年度）あり、主要教科はもちろん、音楽、美術、書道、家庭と多彩な科目が用意されています。文系・理系の選択でクラスが分かれるのではなく、このなかから、その後の進路に合わせて選択科目を22時間ぶん選びます。

少人数制や習熟度別授業など充実した学力向上サポート

近年、多摩高では、学力向上進学重点教育推進校として、少人数制や習熟度別授業の導入、長期休暇中講習の制度化など、進路進学指導のよりいっそうの充実を図っています。

少人数制は1年生の英語で、習熟度別授業は2年生の数学で取り入れています。

多摩高祭（文化祭）

各種の研究発表や演奏会、模擬店などがあり、クラスや文化部の日ごろの発表の場にもなっています。体育祭と文化祭を合わせて「多摩高祭」と呼んでいます。

英語の少人数制授業では、レベルに関係なく1クラスを半分に分けています。数学の習熟度別授業は、2クラスを3つに展開する形と、1クラスを2つに展開する形をとっています。

「2年生の数学で習熟度別授業を取り入れた結果、ほとんどの生徒が授業の進度についていけるようになりました。また、今年度、理系を選択する生徒が増えるなど、効果が目に見える形で現れています。」（石塚校長先生）

長期休暇中の講習については、夏期講習が全学年に、冬期講習が1・2年生に用意されています。各講座を生徒が自由に選択し、受講します。

「さらに今年度からは夏期講習中に指名講習も取り入れています。7月末の期末考査の成績から、担当の教員が指名をします。指名された生徒は指定の講座を受講することで弱点を補強します。」（石塚校長先生）

3年生になると、後期からは大学入試をターゲットにした土曜講習や、冬期休暇中のセンター試験対策講座を受けることができます。

平常期間に制度化された補習は設けられていませんが、先生がたが生徒の様子を見ながら、早朝や放課後に行っています。

次の50年に向けた新たな取り組み

創設56年目を迎え、次の50年に向けて、新たな取り組みを始めている多摩高では、2011年度から「多摩高等学校『学びのビジョン』」が策定され、パンフレットとして配られています。

「これまで多摩高は、『質実剛健』、『自重自恃』の校風のもと、文武両道の学校として、クラブ活動や学校行事にも大変力を入れてきました。これからは、そのよさを活かしながら、学力向上進学重点教育推進校として、さらに進路指導を充実させていくために、そして今後の教育のスタンスをみなさんに知っていただくために『学びのビジョン』を作りました。」（石塚校長先生）

「学びのビジョン」には基本理念として「多摩高50有余年の伝統の重みと、学力向上進学重点教育推進校としての使命を統合した普遍性と新しさを併せ持つ心ふれあうしなやかで感性豊かな明日への人づくり」が掲げられています。この基本理念のもとに、学力の向上や、主体的に物事を判断できる人材の育成を具体的にどう行っていくかが記されているのです。

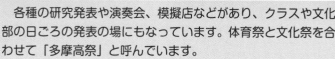

修学旅行

サッカー部

ダンスドリル部

修学旅行先は毎年変わります。昨年度は長崎、今年度は沖縄を訪れました。3泊4日で行われます。

卓球部

球技大会

合唱コンクール

さらに、創立以来使われ続けてきた校舎も、改築準備が始まっています。

「現在４棟ある校舎を順次改築していきます。プレハブ校舎を造らず、さらにグラウンドを使用しながらの計画のもとに進めていきます。完成は２０１９年（平成31年）を予定しています。」（石塚校長先生）

クラブ活動や学校行事が盛んに行われているのも多摩高の特徴です。

クラブ活動は運動部、文化部ともに活発で、近年では、陸上競技部が駅伝で県大会３連覇中とすばらしい成績を残しています。ダンスドリル部やギターアンサンブル部も、全国大会で何度も優秀な成績を収めています。

学校行事も、文化祭、体育祭、合唱コンクール、年２回の球技大会、学校から川崎大師まで22キロの道のりを歩く「大師強歩」など、年間を通して活発に行われています。

最後に、多摩高の魅力について石塚校長先生は次のように語ってくださいました。

「高校での３年間は、みなさんにとって大事な成長の期間です。この３年間で多摩高生は、勉強、クラブ活動、さまざまな学校行事を通じて自分を深め、『生きる力』を醸成していきます。伝統的にそうした積み重ねを大事にしてきました。現在も、生徒たちは本当にいきいきと毎日を過ごしてくれています。いろいろなことを学びたいという前向きな意欲を持って本校に来ていただければ、３年間を通して充実した生活を送ることができると思います」。

その語り口からは、多摩高生への温かい思いが感じられました。

平成23年度大学合格実績（既卒生含む）

大学名	合格者	大学名	合格者
国公立大学		その他国公立大	9
北大	1	国公立大合計	37
茨城大	1	私立大学	
筑波大	1	早大	39
埼玉大	1	慶應大	20
千葉大	2	上智大	17
お茶の水女子大	1	東京理大	16
東工大	1	青山学院大	28
東京海洋大	2	中大	44
東京外大	1	法政大	26
東京学芸大	4	明大	52
東京農工大	1	立教大	43
首都大東京	7	学習院大	7
横浜国立大	3	国際基督教大	1
横浜市立大	1	その他私立大	251
大阪大	1	私立大合計	554

School Data

神奈川県立多摩高等学校

所在地
神奈川県川崎市多摩区宿河原5-14-1

アクセス
JR南武線「宿河原」徒歩8分

生徒数
男子470名、女子365名

TEL
044-911-7107

URL
http://www.tama-h.pen-kanagawa.ed.jp/

ミステリーハンターQの 歴男 歴女 養成講座

ミステリーハンターQ（略してMQ）……… 米テキサス州出身。某有名エジプト学者の弟子。1980年代より気鋭の考古学者として注目されつつあるが本名はだれも知らない。日本の歴史について探る画期的な著書『歴史を掘る』の発刊準備を進めている。

……山本 勇 中学3年生。幼稚園のころにテレビの大河ドラマを見て、歴史にはまる。将来は大河ドラマに出たいと思っている。あこがれは織田信長。最近のマイブームは仏像鑑賞。好きな芸能人はみうらじゅん。

春日 静……… 中学1年生。カバンのなかにはつねに、読みかけの歴史小説が入っている根っからの歴女。あこがれは坂本龍馬。特技は年号の暗記のための語呂合わせを作ること。好きな芸能人は福山雅治。

米騒動

1918年、米価格の高騰が引き起こした米騒動。富山県の主婦たちから始まり、全国に広がった。

静 昔、米の価格が急上昇して暴動が起きたことがあったんでしょ。

MQ 大正時代の米騒動だね。

勇 なぜ米の価格があがったの？

MQ １９１４年、第一次世界大戦が始まったころは米価はむしろ安かったんだ。でも大戦で好景気になって多くの人が米を食べるようになり、需要が増えたことが原因の1つだ。

静 それまではお米を食べなかったの？

MQ 貧しい農村や低賃金労働者などは、おもに麦やヒエを食べていたんだ。

勇 それで米価があがったの？

MQ それだけじゃなくて、好況で農村から人口が都市に流出して農村人口が減り、収穫量が減った。また、大戦のせいで輸入米が激減したことも大きな要因だ。

静 お米が足りなくなったのね。

MQ １９１７年1月に１５０kg15円だったのが、7月には30円を超えて2倍以上の価格になった。

勇 ものすごいインフレだ！

MQ 地主や米穀商人が米穀投機をしたことも理由にあげられる。

静 それで暴動に発展したのね。

MQ １９１８年8月、富山県魚津町（現魚津市）の漁民の奥さんたちが、「不漁でもあるし、港からの米の積み出しに反対しよう」と話しあい、積み出し反対や米の拠出などを役場や資産家に嘆願するようになった。

静 富山県の主婦が発端なのね。

MQ 彼女たちが中心になって、ついに積み出しを実力で阻止してしまった。それでも全国の米価の高騰は続き、8月5日は40円、9日には50円を超えてしまった。騒動は京都、名古屋などにも飛び火し、数万人が集まる集会があちこちで開かれ、交番に投石したり、米穀商を襲うといった暴動に発展したんだ。大阪では数十万人の市民が騒動を起こし、軍隊が出動する事態になった。

勇 全国レベルの騒動になったってこと？

MQ 青森、秋田、岩手、沖縄以外のすべての都道府県で騒動になったんだ。全国で30人以上の死者が出た。

静 どうやって沈静化したの？

MQ 政府や自治体が米の安売りや拠出を行い、一方で取り締まりを厳しくすることで8月下旬にはおおむね収まった。9月に入ると寺内正毅内閣は責任をとって総辞職し、政友会総裁の原敬が内閣を組織した。米騒動は、思わぬ形で初の政党内閣を誕生させることになったんだよ。

まったく！飢死させる気かい?!
米を外へ出すな！
米の積み出しはしないよ！

和田式 教育的指導

「2カ月しかない」ではなく「2カ月もある」と思え！

中3の2学期、期末テストが終わったら、これからは受験勉強に専念しようと頭を切り換えることが重要です。本格的に受験生になったという意識にチャンネルを替える、割り切りの時期と思ってください。

極端に言えば、すべての意識を受験に注いでください。

なので、これからはいままで学校の行事や勉強にかけていた時間を、受験勉強にたっぷりあてることをおすすめします。

入試の本番は、2月の中ごろからとすれば、あと2カ月ぐらいです。それを『2カ月しかない』と思うか、『2カ月もある』と思えるかが大きなポイントでもあるのです。

しかも、これから学校は冬休みに入るので、授業に時間を取られることなく勉強時間を確保できます。だから、いまの時点で『もう間に合わない』なんていうことは絶対にありません。逆に『時間ができた』という自覚が生まれてくるはずです。

必要なことは、受験勉強に相当な時間をあてられるというように思うことです。『もうこれだけしか時間がない』と焦るよりも、『まだまだ時間がある』と思って受験勉強をする方が、心にゆとりが生まれ、勉強に集中できるのです。

スピードが2倍で勉強時間が半分に

受験勉強において、追い込みの時期は勉強の密度が濃くなってきます。

つまり、中3の初めのころだったら、ちょっと難しい私立の英語の文章を読むのに30分や1時間かかっていた人が、いまでは15分で読めるかもしれないのです。スピードが2倍や3倍になっていることが十分ありえるわけです。

数学の問題も解くスピードがかなりあがってきているということもあるでしょう。これまでだったら問題集をやるのに、1時間あたりで2ページぐらいしかできなかったのに、4ページもできるなんてことが起こります。問題を解くスピードが2倍

いよいよ受験勉強に専念する時期がきました。ムダを省いて要領よく受験勉強に徹しましょう。

Hideki Wada

和田秀樹

1960年大阪府生まれ。東京大学医学部卒、東京大学医学部附属病院精神神経科助手、アメリカのカールメニンガー精神医学校国際フェローを経て、現在は川崎幸病院精神科顧問、国際医療福祉大学大学院教授、緑鐵受験指導ゼミナール代表を務める。心理学を児童教育、受験教育に活用し、独自の理論と実践で知られる。著書には『和田式　勉強のやる気をつくる本』『中学生の正しい勉強法』『難関校に合格する人の共通点』（新刊）など多数。初監督作品の映画「受験のシンデレラ」がモナコ国際映画祭グランプリ受賞。

いいコンディションで受験勉強に専念しろ！

になって勉強時間が半分になるということです。

また、この時期にはムダをなくす勉強もできるようになっています。受験間際ではない夏休みの時期だったりすると、試験に出ないことを勉強していたりします。いまだと、過去問を見ながら「この範囲は出る、この範囲は出ない」と考えて勉強できるので、ムダがぐっと減るのです。

試験対策の効率としたら2倍ぐらいあがっているかもしれません。そうすると、これまでは1日かかって解いていた問題数だって、解くスピードがあがっているぶん、半日で済んでしまうことだってあるでしょう。

そう考えると、いまから試験本番まで2カ月以上あるのですから、まだまだ勉強できる時間は残っているし、これからムダのない勉強方法も自分なりに見つけられるでしょう。

1日10分ずつでも朝型に変えていくこと

これまで言ってきたように、いままでよりも2倍は時間を使えるようになっています。そこで大事なのは睡眠時間を削らないことです。いくら2倍の時間を使えるようになっても、寝不足で頭がスッキリしない状態で勉強しても意味がありません。

いいコンディションで勉強を8時間はできるように、睡眠時間を確保しておきましょう。また、途中でリラックスタイムを作る、お休みの日にちょっとした息抜きをするなどの工夫をしましょう。

コンディション作りでもう1つ重要なポイントは、朝型に変えていくことです。

試験が始まるのが、午前9時や9時半ならば、6時半ぐらいには起きる習慣をつけておいた方がいいでしょう。そうすれば、試験開始時間には、頭が正常に働いてくれるからです。起きたらすぐに、英単語を見たり、数学の公式を見たりして、頭に刺激を与えるのも効果的です。

これから急激に朝型へ変えるというのではなくても、1日10分ずつでもいいですから朝型に変えていくことが必要です。

Point 1 焦るな！余裕を持って！

これからは、学校の行事もなくなり、冬休みに入ることで勉強時間も増えるだろう。そうすると、『まだ2カ月もある』と思えるはず。間違っても『時間がない』などとは考えないでほしい。

『本番まではまだまだ時間がある』と、心に余裕を持った方が勉強もはかどるぞ！

Point 2 試験時間に合わせた身体作りも大切だ！

試験に合わせて身体作りも重要になってくる。いくら時間ができたといって、睡眠をきちんと取らなければ効率のいい勉強はできないぞ。

そして、朝は試験時間の3時間前には起きるようにしよう！ そのためには、少しずつでも起きる時間を早めにしていこう！

Point 3 効率があがって勉強量も増えるぞ！

この時期には、勉強効率がアップし、夏に比べて2倍～3倍の量の勉強ができるはず。しかもムダな範囲をしない勉強法も身についている。

つまり、試験まで2カ月という期間で、単純計算で4カ月ぶんの受験勉強ができるわけだ。まだまだ諦めるのは早いぞ！

TASUKU MASAO

教育評論家 正尾 佐の

高校受験指南書

六拾弐の巻

今年出た難しい問題2

国語

最終シリーズ「今年出た難しい問題」の第2弾は国語だ。君たちの多くが苦手だと言ったり、嫌いではないが得意でないと言ったりしている古文を題材に選んだ。出題校は中大杉並だよ。

さあ、まず問題文を読もう。

> 次の文章を読んで後の設問に答えなさい。
> 水戸黄門光圀卿《※みとくわうもんみつくにきやう》は、文武両道兼《ぶんぶりやうだうけん》備《び》の名将なり。
> ※水戸黄門光圀卿…水戸藩主徳川光圀

最初から主人公が登場する。入試古文の書き出しに多いパターンだ。

この文の主人公は水戸黄門光圀卿。この人、知っているよね。テレビドラマでお馴染《なじ》みの黄門様だ。え、知らない？　そうか、テレビの時代劇なんぞ見ていない人が多いのか。

いまからちょうど50年前の1961年にテレビドラマ『水戸黄門』の放映が開始された。ひょっとすると、君たちの両親が生まれる前かも知れないが、とにかくいまも延々と続いている。間もなく打ち切りになるという噂《うわさ》もあるが。ま、それくらい水戸黄門という人物は広く愛されている。

テレビドラマで描かれている黄門様は、ほとんど全部がフィクション（＝虚構・作り話）だけれども、名君だったという話は江戸時代から書物に書かれている。この問題文もそうだ。

では、読み進めよう。

> 水戸黄門光圀卿《※みとくわうもんみつくにきやう》は、文武両道兼《ぶんぶりやうだうけん》備《び》の名将なり。

「水戸」は水戸藩のことで、黄門様は水戸藩の藩主だった。

「黄門」は中国語で、日本の中納言にあたる官職。

「光圀」は名前で、姓は徳川。徳川光圀さんだ。この人は徳川家康の孫にあたる。

「卿」は中納言などへ用いる敬称。英語のSirに似ている。

「文武」は学問と武芸のことで、武士は武芸（剣術とか弓術とか馬術とか）に勝《すぐ》れていることが要求され、腕力は鍛えられていたが、それに加えて儒教などの学問にも精通していれば、もっと尊敬された。そういう人物を「文武両道」を兼ね備えている、と言う。

〈現代語訳〉水戸の中納言・徳川光圀卿は、学問の道と武芸の道の2つを兼ね備えた名君である。

> 御在国の節《せつ》、御領内殺生禁断《ごりやうないせつしやうきんだん》の場所にて、鉄炮《てつぱう》にて鶴《つる》を打ち取りし者ありて、入牢《じゆらう》は仰《おほ》せ付《つ》けられしが、(1)其《そ》の年暮《としく》れんとすれども、未《いま》だ刑罰の沙汰《さた》なし。

「御在国」は光圀が国元（＝領地）にいること。

「殺生」は人間や動物を殺すこと。とくに仏教では強く禁じられている。

「入牢」は捕まって牢屋に入れられること。逮捕留置のことだね。

「仰せ付け」は命令をすること。

「沙汰」は処理や指図《さしず》で、「刑罰の沙汰」は判決だね。

〈現代語訳〉国元においでだったとき、ご領地で殺生を禁止していた場所で、鉄砲で鶴を撃ち殺した者がいて、入牢をご命令になったが、その年が終わるころになっても、まだ刑罰の指図がなかった。

> 翌年の春、領内の寺院の主僧《しゆそう》を八人召《め》され、例の通り饗応《※きやうおう》有りて後、四方八方《よもやま》の御咄《おはなし》に、
> ※饗応…宴席を設けてもてなすこと

「四方八方」は、いろいろさまざまなこと。世間・天下という意味もある。四方山と書くことが多い。

〈現代語訳〉その翌年の春に、領地のお寺の主だった僧侶を八人お招きになって、いつものように宴会があった後、様々な世間話をして、

> 「御僧達は未だ人を切り殺す所は見しことあらじ。今幸《さいは》ひ一人の罪人《ざいにん》ある故《ゆゑ》、切り殺して見せ申すべし。」とて、

光圀は領内の偉い坊さんたちを招いて宴会をした。そして、世間話をしているうちに、とんでもないことを言い出した。

〈現代語訳〉お坊様たちはまだ人間を切り殺すところは見たことがないであろう。いま運良く犯罪人が1人いるので、切り殺してお見せしよう。

> 鶴を取りし罪人を庭の樹木へ縛り付け置き、やがて御自身長刀を持ち、庭へ出で、其の罪人の側《そば》へ立ち寄り、既に切らんとし給《たま》ふこと再三に及ぶ。

光圀は(2)鶴を射殺した罪人を庭の木に縛り付け、坊さんたちの目の前で、刀で切るしぐさを何回か繰り返した。

〈現代語訳〉鶴を殺した罪人を庭の木に縛り付けておき、そのまま光圀卿ご自身が長刀を持ち、庭へ出て、その罪人のそばへ近寄って、まさに切ろうとなさる動作を2、3回やった。

> 八人の僧は無言にて恐る恐る見て居《ゐ》ける。其の時、光圀卿、長刀を庭へ投げ捨て、八人の僧に向ひて、

坊さんたちは人間を切るのを見るのは恐かったのだろう、ただ黙って見ているだけだった。すると、光圀が言った。

〈現代語訳〉八人の僧侶は無言でこわごわ見てじっとしていた、そのとき、光圀卿は、長刀を投げ捨て、八人の僧侶に向かって、

> 「我《われ》聞く、僧はものの命を断つことを禁じて、わが一命に代へて他の命を救ふとかや。今爰《ここ》に八人の僧有りながら、かの罪人の命を乞《こ》ふ僧一人も有らず。かかる破戒※の僧、急度《きつと》刑罰に行ふべきなれど、［A］。これに依《よ》りて、刑罰を免《ゆる》して、追放申し付くるなり。」
>
> ※破戒…僧としての戒律を破ること

罪人が切り殺されようとするのに、無言のままそれを見つめている坊さんたちに、光圀は厳しい言葉を浴びせた。
〈現代語訳〉「私は聞いている、僧侶は生き物の命を絶つことを禁止して、自分の命と引きかえにして他の人の命を救うとかいう。いまここに僧侶が8人もいるのに、あの罪人の命乞いをする僧侶は1人もいない。こんな戒律を破る僧侶は、必ず刑罰を与えねばならぬが、［A］。これによって、刑罰を許して、追放を命じる。」

> と、八人ながらに三衣《※さんえ》を脱がし、追ひ払はせける。其の後、庭の罪人に向かひ、「法度《※はつと》を犯《をか》す罪、尤《もつと》も重し。然れども、何ぞ人命を鳥類に代へんや。」とて免《ゆる》し帰《かへ》されける。
>
> ※三衣…僧の着る三種の袈裟《けさ》
> ※法度…法令

光圀は坊さんたちから袈裟を奪った。ということは、「おまえたちは僧侶でない」とみなしたことになる。一方、罪人に対しては、人命は鳥の命よりも大切だと言って釈放した。

〈現代語訳〉と言って、8人全員、袈裟を脱がし、追い払った。そのあと、庭の罪人に向かい、「法令を破る罪は、もっとも重い。けれども、どうして人間の命を鳥類の命ととりかえられようか。」と言って、罪を許し家に帰した。

> 誠に仁君とは此の君のことなるべしと見聞きせし人々有難《ありがた》がりしとぞ。
>
> (『明良洪範』より)

「仁」は思いやりの気持ちで、「仁君」は思いやりのある君主。「有難がり」は『ありがたく』ではなくて、『めったにいず・希《まれ》なほどすばらしく』という意味だ。黄門さんをみなが賞賛して、話が終わる。

〈現代語訳〉本当に仁君というのはこの殿様のことであるに違いない、とこの話を見聞きをした人たちはすばらしいと言った。

ストーリーは十分に理解できたね。では、問いを解こう。

> 問1　——線部(1)・(2)から、光圀はどのような心境であったと思

われますか。最も適当なものを次の中から選び、記号で答えなさい。

(ア) 僧侶をおびえさせて反省を促していた。

(イ) 鶴を殺した男を処刑すべきか迷っていた。

(ウ) 処刑に異議を唱える者が現れるのを待っていた。

(エ) 鶴を殺した真犯人が名乗り出るのを待っていた。

(オ) 鶴を殺した男をおびえさせて領民への見せしめにした。

「——線部(1)・(2)から」と指定されているのだから、(1)と(2)をしっかり確認しよう。(1)は「その年が終わるころになっても、まだ刑罰の指図がなかった」、(2)は「まさに切ろうとなさる動作を2、3回やった」。

(ア)は「僧侶をおびえさせて反省を促していた」というのだが、(1)にかかわりがない。判決を出さないままでいても、「僧侶がおびえ」ることはないからだ。

(イ)は「処刑すべきか迷っていた」というのだが、(2)の内容にそぐわない。迷っていたならば、僧侶たちにわざわざ罪人を切る真似を見せる必要はないからだ。

(ウ)は後回しにして、(エ)だ。「真犯人が名乗り出るのを待っていた」というが、(1)・(2)はもちろん、問題文のどこにも、逮捕された罪人が無実だとも真犯人がほかにいるとも書かれていない。

(オ)は「男をおびえさせて領民への見せしめにした」というが、(2)にあるように、斬り殺すふりをしたのは8人の僧侶の前であり、領民たちの目にさらしたわけでない。

(ウ)は「処刑に異議を唱える者が現れるのを待っていた」というのだ。(1)はなかなか判決を出さずに、年を越してしまったのだから、「現れるのを待っていた」ことに矛盾しない。(2)も切る真似ばかりで、実際に殺さなかった。じつは坊さんたちが「殺生は仏の教えに反するから、お止めください」と懇願《こんがん》するのを期待していたのだね。

【正解】 (ウ)

問2 本文中の[A]にあてはまるものを次の中から選び、記号で答えなさい。

(ア) 罪人の仕置《しおき》は済ませつ。
(罪人の処罰は既に終えた)

(イ) 打ち取りし鶴は戻らず。
(殺した鶴の命は返らない)

(ウ) 我は人命を断つことを厭《いと》ふ。
(私は人の命を奪うことに反対だ)

(エ) 何人《なんぴと》も法度《はっと》は犯すべからず。
(誰《だれ》あれ法令を犯してはならない)

(オ) 僧はものの命を断つべからず。
(僧侶は戒律により殺生をしてはならない)

黄門様の台詞《せりふ》をもう一度読もう。

「我《われ》聞く、僧はものの命を断つことを禁じて、わが一命に代へて他の命を救ふとかや。今爰《ここ》に八人の僧有りながら、かの罪人の命を乞《こ》ふ僧一人も有らず。かかる破戒※の僧、急度《きっと》刑罰に行ふべきなれど、[A]。これに依《よ》りて、刑罰を免して、追放申し付くるなり。」

光圀の言っていることは、

・僧侶は殺生を禁じている
・自分の命を投げ出してでもほかの者の命を救うそうだ
・8人とも処罰を受けるべきだが、[A]によって免罪するが、追放を命じる

の三つだ。

解答の選択肢を1つひとつ点検しよう。

(ア)は「罪人の処罰は既に終えた」というが、これは事実に反している。

(イ)は「殺した鶴の命は返らない」とあるが、これは殺生した罪人を許す理由になっても、坊さんたちを追放することとは関わりがない。

(ウ)は「私は人の命を奪うことに反対だ」とある。これは罪人を許す理由になるし、坊さんたちに怒りをぶつける理由でもある。

(エ)は「誰《だれ》であれ法令を犯してはならない」というが、それならば、鶴を射殺した罪人を解放するのは矛盾している。

(オ)は「殺生をしてはならない」というが、これも(エ)と同じく、鶴殺しの罪人を許すことに反している。

【正解】 (ウ)

では、最後の問題、

問3 この文章から光圀の考え方はどのようなものであったと読み取れますか。最も適当なものを次の中から選び、記号で答えなさい。

(ア) 人間にとって最も大切なものは自己の身体と生命であり、何よりも優先して守らねばならない。

(イ) 法令を順守することは大切だが、法も人間が定めたものである以上、絶対に正しいとは限らない。
(ウ) 自己を犠牲にする公共の精神は大切であり、博愛の精神こそ真の社会秩序をもたらすものである。
(エ) 天命に従うことが大切であり、天命に逆らって人間の命を奪うことは天に対して許されないことである。
(オ) 学問や武芸は社会生活の維持向上に役立つが、僧侶は形骸《けいがい》化《か》した仏教を説くだけで何の役にも立たない。

これも選択枝を1つひとつ確認しよう。

(ア)は「自己の身体と生命」を「何よりも優先して守らねばならない」という考えだ。だが、光圀自身の身体と命についてはとくになにも書かれていない。誤答だ。

(イ)は「法」が「絶対に正しいとは限らない」という考えだ。光圀は「殺生禁断」の場所を法令で決めていた。だが、それに違反した者を許しているのだから、法令よりも人命を尊重したことになる。正答だね。

(ウ)は「公共の精神」が「大切であり」「博愛の精神」が「真の社会秩序をもたらす」という考えだ。もし博愛精神が強ければ、僧侶たちから袈裟を奪ったり、追放したりはしないだろう。誤答だね。

(エ)は「天命」についての考えだが、問題文のどこにも天命について記されていない。誤答だ。

(オ)は「学問や武芸」は「社会生活の維持」に役立つが、「形骸《けいがい》化《か》した仏教」は「何の役にも立たない」という考えだ。光圀は文武両道を兼備していると問題文に記されているが、それは光圀自身の言葉ではない。また、光圀は僧侶を非難しているが、それは僧侶たちが仏教の戒律《かいりつ》に背いているからであって、むしろ人命を大切にしている仏教の教えに即している。やはり誤答だね。

【正解】(イ)

問いはたった3つしかないが、古文はまったく不慣れだという人には難しい問題だ。志望校の過去問や入試要項をきちんと確認して、もし古文が出題されるのなら、古文を読むことに十分に慣れておきたいものである。

なんとなく終わった ぼくの高校受験

他人事のように終わった高校入試

試験会場では緊張しなかった。

中学校の先生が「絶対安全だ」と太鼓判を押す鉄壁の入試パターンのお陰か、ぼくは随分精神的に余裕を持って受験会場に入ることができた。その高校の過去問を解いたのは3日ほど前が初めてであったが、問題も比較的平易だったので練習でも合格点は楽々取れた。結局、ぼくは自分の入試に一生懸命になれなかった。なんとなく勉強して、なんとなく受験校を決め、なんとなく入試を迎えてしまった。

試験を受けている間「落ちたらどうしよう」という不安がまったくなかったので、他の受験生たちとはどこか違っていたかもしれない。自分の入試でありながらどこか「他人事」としてとらえているようなところがあったのだろう。比較的平易な問題を試験時間を残して解き終わってしまうと、窓の外ににょきにょき生えている杉の木をぼーっと眺めながら「この窓から見る風景が、自分の日常になるのだろうか」などと考えていた。

「それでは終了です。鉛筆をおいてください。」

ようやく試験が終わった。

「解答用紙を回収します。試験官が回りますので、通路側に解答用紙を置いてください。」

試験官役の高校の先輩たちが答案の回収をするために通路を歩いて回った。その姿を見ながら、「高校生は中学生に比べてやっぱり大人っぽく見えるなあ」など思っていた。

「以上で試験は終了となります。忘れ物のないようにご注意ください。みなさんが4月から本校に来てくださるのを楽しみに待っておりますよ。」

監督役を務めていた年配の教諭のお言葉でぼくの高校入試は終了した。あとは結果発表を待つのみである。

2人とは自然と疎遠に

入試が終わってから合格発表があるまでの数日間、おそらく懸命に頑張った受験生であるなら、「自分は合格しているだろうか」「あの問題のミスのせいで不合格になっていたらどうしよう」などと期待と不安にヤキモキするのであろう。

しかしながらぼくは極めてダメ受験生だったので、そんなことはいっさい考えなかった。考えたのは「やっと試験が終わったから、思いっきり遊んでやろう!」ということだけだった。不合格におののいてビクビクしたり、不安に押しつぶされそうになったりという経験は、結局することができなかった。

きっとぼく以外の受験生たちは、そういう精神的な負荷との闘いを経験し、その経験を通じて大きく成長を遂げていたのだろう。でも、ぼくはそういう大事な機会を棒に振ってしまった。ぼくはこの高校入試を通じて、臆病な自尊心を強めただけだった。

そんな負い目や引け目があったから、ぼくは塾へと足が向かなくなっていた。必然的に塾でしか会うことがなかった祥子とは、まったく疎遠になっていた。祥子の北海道での入試がいつあるのかも知らなかったし、結果発表がいつなのかもわからなかった。それを知りたい、聞きたいという気持ちもあったが、当時はいまのように気軽に携帯でメールを送って直接本人に尋ねるようなことはできなかったから、どこかで待ち伏せるか、祥子の家に電話をかけて聞くしか知るすべがなかった。

公式な理由もなく女の子の自宅に電話をかけるというのは、男子中学生にとってはかなりハードルが高いことであった。一家で1台の電話機をシェアするのが普通ななかで、女の子の家に電話をかけるというのは、ロシアンルーレット的な緊張感を伴うことなのである。

たとえ公式の用件、例えば学校からの伝達事項を連絡網で回すために電話をかけたにしても、電話口にお父さんが出てしまったりするとこれはもう、心臓が口から飛び出るくらいに緊張してしまうのだ。

あるときなど、学校行事の持ち物の連絡をするという「公式な」用件のためにある女の子の家に電話をかけ、「○○中学の2年○組の宇津城ですが、○○子さ

宇津城センセの受験よもやま話

宇津城 靖人先生

早稲田アカデミー　特化ブロック副ブロック長 兼
ExiV西日暮里校校長

んはいらっしゃいますか？」と名乗ると、「ウチにはそんな名前の知り合いはいません。ガチャリ」とその子のお父さんに電話を切られたこともあった。これは極端な例だが、それくらい、怖い「頑固親父」が世の中にあふれていたのだ。祥子のことも気にかかるが、その緊張感を乗り越えてまで連絡をとるほど、ぼくと祥子の間に特別な関係があったわけではなかったから、ついついそのままにしてしまっていた。同じことが富士原にも言えた。

学校が同じなので、富士原に会おうと思えば会うことはできたのかもしれないが、クラスが違うことがネックだった。ぼくが入試を迎えることに対しての富士原なりの配慮もあったのだろうと思う。富士原の渡航の日がいつになるのか、カナダのどこに行くのかということも気になるところではあったが、単なる同期生の枠から飛び出して富士原と関わろうとする勇気が、ぼくにはなかったのだ。

それでもうれしかった合格という結果

そして合格発表の日がやってきた。

その日は朝から発表を見に高校へ行ったあと、学校に遅刻していくという流れだった。ここ数日間は試験期間ということで、登校は任意という形になっていた。試験がある人は学校を休んでも欠席にならないのである。出席しても「自習」しかないので、早々と入試が終わって暇な人は学校へ行くが、多くの生徒は試験の有無に関わらず休んでいるのが当たり前だった。ぼくもご多分に漏れず、試験の日以外も学校を休んで遊んでいたので、発表を見てから学校に行くこの日が、久しぶりの登校日だった。

発表会場に到着すると、掲示板に紙が貼ってあった。悲喜交々《ひきこもごも》、掲示板の周りには歓喜の涙か、はたまた失意の涙かわからないが、涙にくれる女子生徒が複数固まっていた。ぼくはちょっとの不安感を胸に抱いて掲示板の受験番号を1つひとつ確認していった。

――あった。自分の受験番号が掲示板にきちんと存在していることを確認すると、ここが自分の母校になるんだという実感が湧いてきた。その後は手続きの書類などを事務局で受け取り、制服の採寸をした。受付の人々がみなにこやかに微笑んでいるのが少し気恥ずかしかった。高校をあとにする際、校門付近にたくさん植えられている杉を見て、あの試験のときに窓から眺めた杉だと気づいた。あのとき考えていた通り、この景色がぼくの日常になるのだと思うと、なんだかくすぐったいような気持ちになった。

高校から、学校へと向かった。久しぶりの登校だったので、下駄箱で上履きに履き替えたとき、上履きがいつもよりも少し冷たく感じられた。担任の教諭に自分の入試結果を報告せねばならなかったので、教室に行く前に職員室に立ち寄った。担任に結果を告げると「おめでとう」と大げさに喜んでくれた。自主的に決めた受験校ではなかったが、それでもやっぱり合格したのはうれしかった。担任は、不合格になってしまった生徒もいるから自分の結果をふれて回らないように、また、あからさまに喜びをクラスで出したりしないようにということを付け加えると、ぼくに教室へ行くように促した。

教室に入ると、ぼくはこれまでの自分を叱り付けたくなるような、そんな出来事が待っていた。

黒板には大きく「自習」の2文字が書かれ、まばらにしか埋まっていない座席についているクラスメイトたちは、おそらく先ほど見回りの教諭が来たばかりであろうことを思わせる緊張感を持って、各々の勉強をしていた。入試が終わったばかりではあるが、最後の学年末テストが近日中に実施されることになっていたからである。

まああとは卒業するだけなので、あまり成績にこだわらない生徒にとっては興味の湧かないテストであったが、不合格の通知とともに泣きながら戻ってくるクラスメイトと対峙し、それを直視することになるよりは、テスト勉強に没頭したフリの方がまだマシという計算からくる行動であると思われた。

ぼくは自分の席に着くと、無言でカバンのから筆箱を取り出し、置きっぱなしにしてあった教科書類を机のなかから取り出そうとした。そのとき…。

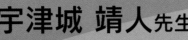

東大入試突破への現国の習慣

田中 利《とし》周《かね》先生

早稲田アカデミー教務企画顧問

東京大学文学部卒。東京大学大学院人文科学研究科修士課程修了。文教委員会委員。現国や日本史などの受験参考書の著作も多数。早稲田アカデミー「東大100名合格プロジェクト」メンバー。

慇・懃・無・礼?!
今月のオトナの四字熟語「馬耳東風」

このコーナーは中学生の生徒さんが読んでいるものだとばかり思っていたのですが、実は中学生のお子さんを抱えている親御さんも熱心な読者であったことに、いまさらながら気づかされた筆者でした。

「テストの直前だというのに、一向に勉強に集中しなくて困っています。どうすればよいでしょうか?」ある中学二年生の息子さんをお持ちのお母様から、悲鳴にも似た訴えが寄せられました。「やらなくちゃいけないとわかっていることなのに、どうして手をつけてくれないのでしょうか? 理解に苦しみます。」「どうして最初から『そんなの無理だ』なんて、あきらめたようなことを口にするのでしょうか? プライドが感じられません。」お母様の気持ちは痛いほどわかります。そうですよね。何を言っても聞く耳を持たない。まさに「馬耳東風」という体《てい》たらく…。おっと、ここで唐突に「今月の四字熟語」が登場しましたね。

「人の意見や批評を全く気にかけないで聞き流すこと」これが、馬耳東風の意味になります。いつもでしたら、ここから「四字熟語」の解説を絡めた蘊《うん》蓄《ちく》?を書き連ねていくところなのですが、今回は「お母様からの涙の教育相談」に答えるかたちで、記事のほうを進めて行きたいと思います。

お母さんの意見が「真っ当」であればあるほど、当のお子さんにはその言葉が届かなくなってしまう…そんな事態が引き起こされてしまうのはなぜなのでしょうか? それは、よく言われるように「馬を川まで引っ張っていくのは簡単だが、そこで水を飲ませるのは難しい」ということでもあります。つまり、本人がその気にならない限り、物事は何も始まらないということです。「勉強に集中して取り組むつもりのない者を、その気にさせるのは、大変難しいのです」と、先に結論を告げてしまうとこうなります。

「そんな身もふたもないことをおっしゃらないで下さい…」と涙ぐむお母様を、見捨てるつもりは毛頭ありません。しかしながら、ここで気づかなくてはならない重要な視点があります。それは、我われ「親御さんサイド」から見て「何て困った生徒なんだ!」と思えたとしても、現実問題として、当の本人が決して困っているワケではない! ということなのです。いくら「勉強しないと大変なことになってしまうよ!」と説明したところで、「そうなるかもしれないね」というように、「可能性があるに過ぎない」というかたちで聞き流されてしまいます。まさに「馬耳東風」の真骨頂(笑)です。では一体どうすればいいのでしょうか?

こう考えてあげてください。本当にこの生徒たちは「勉強したくない」のでしょうか、と。口ではなんと言おうとも、「まじめに勉強に取り組んだほうが本当は良いのだろう」という意識は彼らにあるのです。そのことを疑っては「かわいそう」というものです、ホント。お母様、信じてあげてください。

「それでは、どうして実行に移してくれないのでしょうか?」と、お母様の悩みは深まります。それはですね、実行を妨げる様々な要素があるのですよ、これがまた。まずは「面倒くささ」。いつかやるから、今やらなくてもいいだろうというわけです。そして、あれこれ自分のことをうるさく言われる「うっとうしさ」。気難しい年頃ですから。また、勉強以外に色々とやらなくてはならないことがあると主張する「忙しさ」もあるのですよ! 本人にとってはね。ですから、それを無理やり打ち破るがごとく「言い訳しないで勉強しなさい(怒)」と突っ込んだとしても、生徒たちははね返してしまいますよ。では、どうすればよいのか? 全く逆を心がけてください。

国語 Japanese

「勉強するぞ」というモチベーションはむしろ個人的な目的であってよいのです

田中コモンの今月の一言!!

「勉強することは、面倒くさくも、うっとうしくもないんだよ。忙しい時間を削られることもないからね！」と、〈北風〉ではなく〈太陽〉のアプローチをすることなのです。「そんな甘いことを…」と言うなかれ。相手は「勉強するつもりのない」ツワモノなのですよ（笑）。とにかくほんの少しでも「勉強する」という気持ちを点火させることが、何よりも重要なのですから。

その後は「続ける」ためのモチベーションです。「なぜ自分は勉強するのか？」という理由。「何のために勉強するのか？」という目的です。ココを難しく考えないでください。要は「○○をしたい！」「○○になりたい！」といった希望なのですから。くじけそうになっても心の支えとなり、力をふりしぼって勉強を続けられるように。目の前にぶら下がったニンジンを用意するのです。その内容は、俗っぽければ俗っぽいほど、他愛なければ他愛ないほど、効果があります。

そして、ここにこそ家族の関わるポイントがあるのです。その生徒が勉強しようとしまいと、世間の誰が気にかけるでしょう？ 家族だけですよ！ たかがテストの点数に一喜一憂してくれるのは。「国語の点数が、何も勉強しなくても、ちょっと上がった」なんていうのは絶好のチャンスです。ここで「すごい！」と言えるかどうか。馬と一緒に偶然川にさしかかった好機をご家族はどうぞお見逃しなく。

家族からの「尊敬の眼差し」を、生徒は待ちわびているということを、ぜひ忘れないでいてくださいませ、お母様。

グレーゾーンに照準！ 今月のオトナの言い回し「鶴翼の陣」

「かくよくのじん」と読みます。会戦の際の陣形のひとつで、自軍の部隊を、敵に対峙して左右に長く広げた隊形に配置する陣形をいいます。単に横一線に並ぶのではなく、左右が敵方向にせりだした形をとるため、ちょうど鶴が翼を広げた様な三日月形に見えることから、この名がついたと言われています。

この『サクセス』の号が、皆さんのお手元に届くころはちょうど年末、十二月の半ばですよね。旧暦ではありますが、十二月の二十二日に繰り広げられたのが、かの徳川家康の生涯で最大の敗北を喫したと言われている「三方ヶ原の戦い」です。そしてこの戦いで、家康が布《し》いたのが「鶴翼の陣」なのです。対するは「魚鱗の陣」で待ち構える武田信玄。勇んで飛び出した徳川軍でしたが、完膚なきまでに打ちのめされ、ほうほうの態《てい》で逃げ帰ることを余儀なくされました。

浜松城に戻った家康は、苦渋の表情の肖像画を描かせ、これが現在「徳川家康三方ヶ原戦役画像」、通称「顰《しかみ》像」として残されている有名なものです。血気にはやって武田軍の誘いに乗り、多くの将兵を失った自分に対する戒めとして描かせたという逸話が残っています。

なぜまたこんなハナシを持ち出したのか？ 今回は、先ほどの「馬耳東風」に続いて、ご父母の皆さまに語りかけているのです。そう、もう既にオトナの皆さまにです。ですから、中学生の皆さんも、そのつもりでお聞きくださいね。理想をずらりと並べた「鶴翼の陣」を布《し》いては、「三方ヶ原」の家康のように全軍総崩れで敗走する…オトナになる過程で、幾度となく苦い思いをかみ締めてきたではないですか。だからこそ、皆さんはご存知のはずです。多種多様な義務を果たさなければならないオトナの世界では、合格点というのは百点満点のことではないということを。「七割でも十分通じる」という妥協は、「ゼロで終わってしまう」という結果よりも優先されるということを。しかしながら、いざ「我が子」のこととなると…「鶴翼の陣」を無理強いしていないか？ 今一度反省すべきではないでしょうか。自戒を込めてですが（笑）。

楽しみmath数学！DX

登木 隆司先生
早稲田アカデミー
城北ブロック　ブロック長
兼 池袋校校長

$\sqrt{2}\,PB : \frac{1}{\sqrt{2}}PB = 2 : 1$

よって、点Pから辺ACに垂線を引き、辺ACとの交点をHとすると、△DAC∽△PHCより、

$PH = \frac{1}{3}DA = 3$

これが三角すいP-ABCの高さに当たるので、その体積は、$\frac{1}{3} \times 9 \times 9 \times \frac{1}{2} \times 3 = \frac{81}{2}\,(cm^3)$

問題 3

右の図1に示した立体A-BCDは、1辺の長さが6cmの正四面体である。

点Pは、頂点Cを出発し、辺CB、辺BA上を毎秒1cmの速さで動き、12秒後に頂点Aに到着する。

点Qは、点Pが頂点Cを出発するのと同時に頂点Bを出発し、辺BD、辺DC上を、点Pと同じ速さで動き、12秒後に頂点Cに到着する。

点Pと点Qを結ぶ。

次の各問いに答えよ。(東京都)

(1)　図1において、点Pが辺BC上にあるとき、辺CBと線分PQが垂直になるのは、点Pが頂点Cを出発してから何秒後か。

図1

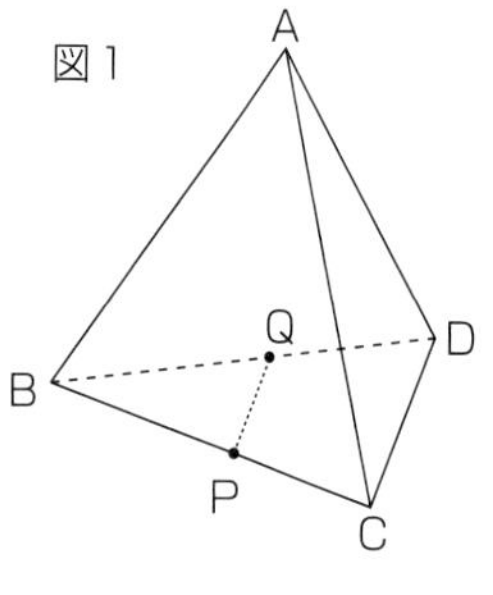

(2)　右の図2は、図1において、点Pが頂点Cを出発してから10秒後のとき、頂点Bと点Q、頂点Dと点Pをそれぞれ結んだ場合を表している。

立体P-BQDの体積は、立体A-BCDの体積の何分のいくつか。

図2

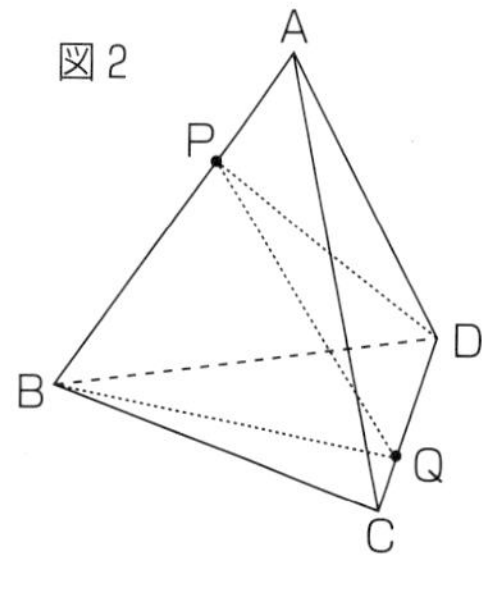

<考え方>

(2)　実際に体積を計算する必要はありません。

<解き方>

(1)　CB⊥PQのとき、△BPQはそれぞれの角が30°、60°、90°の直角三角形になるから、

BP：BQ＝1：2

また、CP＝BQ

よって、BP：CP＝1：2より、

$CP = \frac{2}{3}BC = 4(cm)$

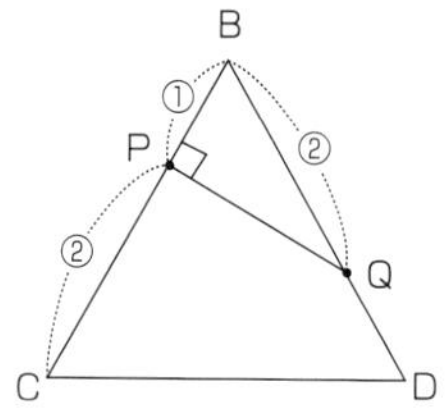

点Pは毎秒1cmの速さで進むから、4秒後が答えになります。

(2)　立体P-BQDと立体P-BCDとは、点Pを頂点とする高さの等しい三角すいだから、体積は底面積に比例する。さらに、底面の△BQDと△BCDとは、点Bを頂点とする高さの等しい三角形だから、底辺の長さに比例する。すなわち、

$\frac{\text{立体 P-BQD の体積}}{\text{立体 P-BCD の体積}} = \frac{\triangle BQD}{\triangle BCD} = \frac{QD}{CD} = \frac{2}{3}$

同様にして、

$\frac{\text{立体 P-BCD の体積}}{\text{立体 A-BCD の体積}} = \frac{\triangle PBC}{\triangle ABC} = \frac{PB}{AB} = \frac{2}{3}$

よって、

$\frac{\text{立体 P-BQD の体積}}{\text{立体 A-BCD の体積}} =$

$\frac{\text{立体 P-BQD の体積}}{\text{立体 P-BCD の体積}} \times \frac{\text{立体 P-BCD の体積}}{\text{立体 A-BCD の体積}}$

$= \frac{2}{3} \times \frac{2}{3} = \frac{4}{9}$

中学3年生のなかには立体が苦手という人も多いようですが、中1で学習して以降、空間図形を学習する機会はほとんどありませんから、練習不足という面が大きいように思います。上でみてきたように、相似と三平方の定理を活用する問題が中心ですから、まずは典型的な問題をしっかり研究することが大切です。

また、空間図形の問題を考えるとき、問題を立体のまま考えるのではなく、問題2の解き方のように平面図形に置き換えて考えることがコツになりますから、ぜひ参考にしてください。

数学
Mathematics

相似と三平方の定理を活用した空間図形問題

今月は、空間図形について学習していきましょう。はじめに立方体の問題から見ていきます。

問題1

図のように、1辺が12の立方体ABCD-EFGHがあり、辺AB、AD上にそれぞれAP：PB＝1：2、AQ：QD＝1：2となるように点P、Qをとる。また、辺EF、EHの中点をそれぞれR、Sとする。このとき、次の問いに答えなさい。　（桐光）

(1)　四角形PQSRの周の長さを求めよ。

(2)　線分EAの延長と線分SQの延長の交点をTとする。線分TQの長さを求めよ。

(3)　6つの点A、P、Q、E、R、Sを頂点とする立体APQ-ERSの体積を求めよ。

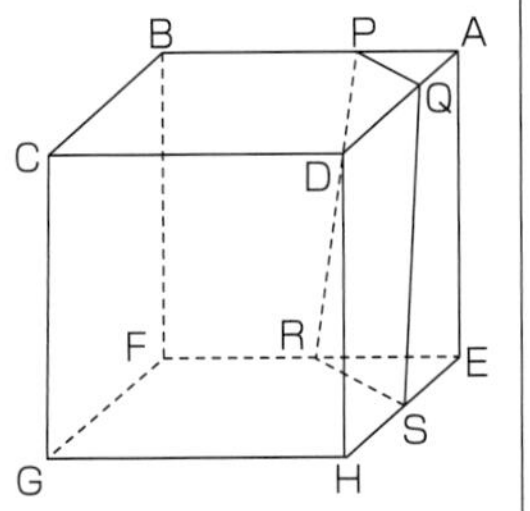

＜考え方＞

(3) の立体は三角すい台で、その体積を求めるには、2つの相似な三角すいの体積比を利用します。このとき、(2) がヒントになっています。また、すい体の体積をVとすると、$V=\frac{1}{3}Sh$です。（ただし、Sは底面積、hは高さ）

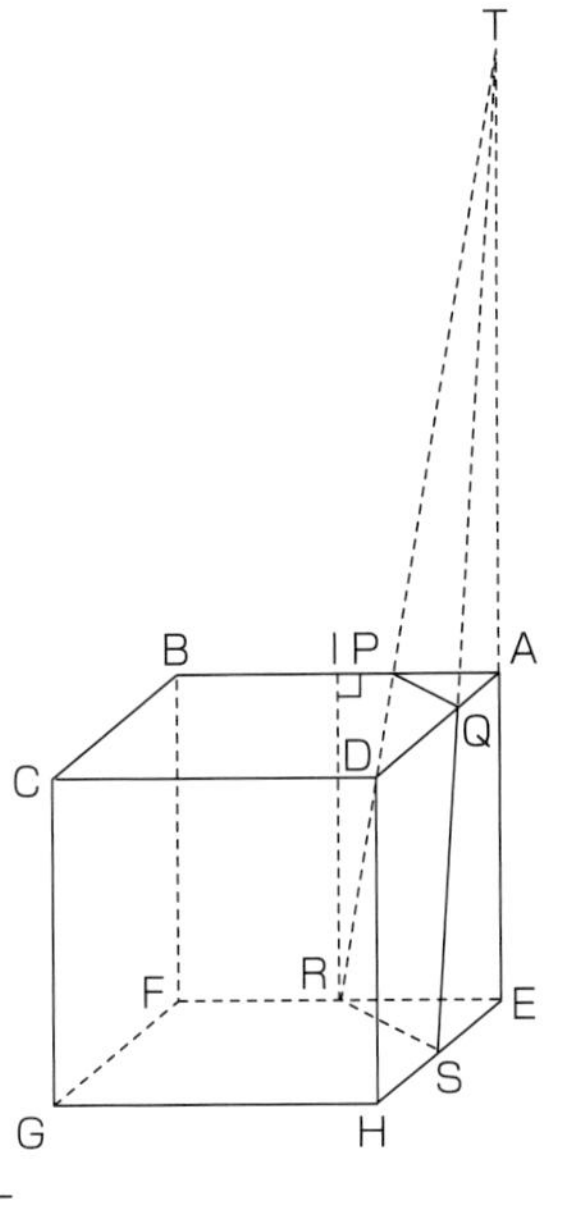

＜解き方＞

(1)　仮定より、△APQはAP＝AQ＝4の直角二等辺三角形だから、$PQ=4\sqrt{2}$

同様に△ERSも等辺が6の直角二等辺三角形だから、$RS=6\sqrt{2}$

また、右の図の直角三角形IPRにおいて、IP＝2、IR＝12だから、三平方の定理より、

$PR=QS=\sqrt{2^2+12^2}=2\sqrt{37}$

以上より、四角形PQSRの周の長さは、$10\sqrt{2}+4\sqrt{37}$

(2)　△TAQ∽△TESで、AQ：ES＝2：3だから、

TQ：QS＝2：(3−2)＝2：1

よって、$TQ=2QS=4\sqrt{37}$

(3)　三角すいT-APQと三角すいT-ERSは相似で、その相似比は2：3だから、体積の比は$2^3:3^3=8:27$

よって、三角すいT-APQと立体APQ-ERSとの体積比は、8：(27−8)＝8：19

また、三角すいT-APQの高さTA＝2AE＝24

これより、立体APQ-ERSの体積は、

$\frac{1}{3}\times4\times4\times\frac{1}{2}\times24\times\frac{19}{8}=152$

＊　三角すいT-ERSの体積と三角すいT-APQの体積の差として求めることもできます。

次は三角柱の問題です。

問題2

AB＝BC＝9cm、∠ABC＝90°の直角三角形ABCを底面とし、AD＝BE＝CF＝9cmを高さとする三角柱がある。このとき、次の問いに答えなさい。

（神奈川県立鎌倉・改）

(1)　この三角柱において、点Pは線分CD上を動く点である。右の図1は、点PがCD⊥BPとなる位置にあるときの図である。

このとき、三角形ABCを底面とし、点Pを頂点とする三角すいの体積を求めなさい。

図1

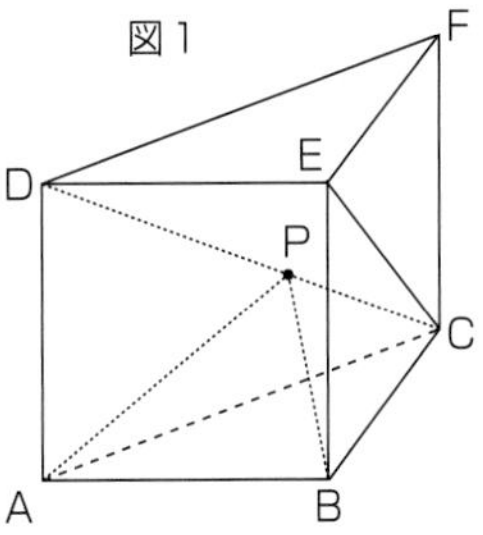

(1)　DB⊥BCだから、△DBCは直角三角形。$DB=9\sqrt{2}$、BC＝9であり、CD⊥BPのとき、△DBC∽△DPB∽△BPCだから、

DB：BC＝DP：PB＝BP：PC

$=\sqrt{2}:1$

これより、DP：PC＝

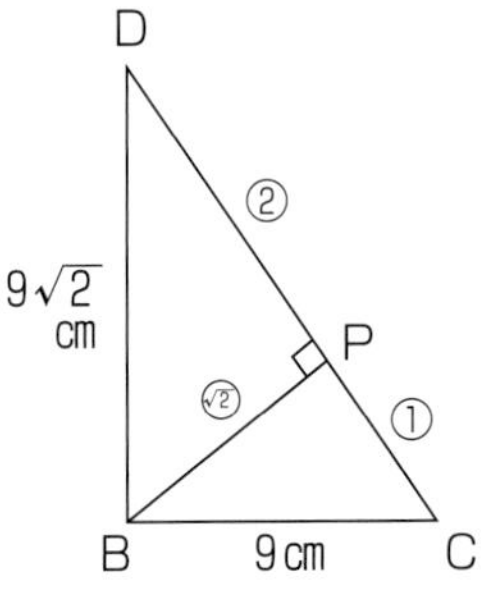

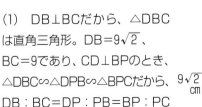

川村 宏一 先生
早稲田アカデミー
教務部中学課 上席専門職

All things come to those who wait.

今回のことわざでは、意味を調べなきゃならないような難しい単語は入っていない。じゃあ訳してみようと思うと、ちょっと訳しづらい文章だね。「'come' と 'wait'、2つ動詞が入っている…」、「'who' は誰を指しているのかわからない…」など、そんなふうに戸惑ってる人はいないかな。

ここで注目すべき単語は、指示代名詞 'those' だ。これは 'that' の複数形だったね。

指示代名詞 'this' や 'that' は「物・こと」以外に、人を紹介するときなど、文の主語になって人をさすことができる。例えば 'This is Tom.'（こちらはトムです）の 'this' は 'Tom' のことをさしている。

これと同じように 'those who ～' は、ひとくくりにして、「～する人々」という意味になる。'those' は複数の「人々」をさす。

では、この英語のことわざを訳してみよう。

'All things come' は「すべての物（こと）は来る」という意味だ。どこに来るかというと、後半の 'to those who wait' つまり、「待っている人々に」だ。

直訳してしまうと、「すべての物事は待っている人にやってくる」ということになる。じつはこの英文、「果報は寝て待て」ということわざを英語で表現するときに一般的に使われる英文で、'Everything comes to him who waits.' などともいう。

しかし、なにも努力しないで望みが叶うなんて、そんな都合のいい話はなかなかないよね。「果報は寝て待て」には、あらゆる手を尽くしたなら、あとは焦らずになりゆきに任せよう、という意味合いが含まれているんだよ。

【訂正】前号（12月号）、このコーナーであつかった 'The early bird catches the worm.'（早起きは三文の徳）については語尾を 'the worms' としておりました。文法的に誤りではありませんが、慣用的には 'the worm' とsはつけません。その理由としては 'the worms' では抽象的に虫全般をさす印象になるためという意見があります。

（サクセス編集室）

something extra

「～する人々」は 'those who ～' を用いるが、'those A who ～' として、Aに複数の人や物事を入れることにより、どんな人々（または物）か、より具体的に表現できる。'Those students who came late to school were scolded by teacher.'「学校に遅れてきた生徒たちは、先生に叱られた」。

Success18

春夏秋冬 四季めぐり

早稲田アカデミー高校部Success18 その1年間を季節の変化とともに追いかけます。

久津輪 直先生
早稲田アカデミー
サクセスブロック副ブロック長兼
Success18渋谷校校長

開成・早慶附属高校合格者を多数輩出してきた早稲田アカデミー中学部が誇る、傑出した英語教師。綿密な学習計画立案と学習指導、他科目講師とチームとなって連携指導する卓越した統率力を、高校部門Success18校長として着任後も、遺憾なく発揮。2011年春の入試では、渋谷1校舎約130名の高3生から、東大22名、早慶上智大97名という歴史的快挙を達成。週末は、現役の開成必勝担当者として、その辣腕をふるっている。

はじめに

開成・早慶附属高校合格者全国No.1。この記録を作りあげた早稲田アカデミーが、そのノウハウを存分に活かし、従来の大学受験勉強の基本スタイルであった予備校の仕組みではなく、塾としての魅力と強さを、若き才能にあふれた子どもたちに伝えたい。この理念のもとに設立されたのが、大学受験部門Success18。高校1年生から3年生、また、中高一貫校の中学生が日々学び、設立約10年にして、わずか10校舎から、東大93名、早慶上智大434名の合格者を輩出するまでに成長を遂げています。これから4回の連載では、Success18のこの成長とともに歩んできた私、久津輪が、春・夏・秋・冬という季節の流れにのせながら、高校各学年の1年間の軌跡をたどり、また、私たちが大切にしていること、大学受験に必要な知識の枠組と受験生としてあるべき心がまえを、点描していきます。

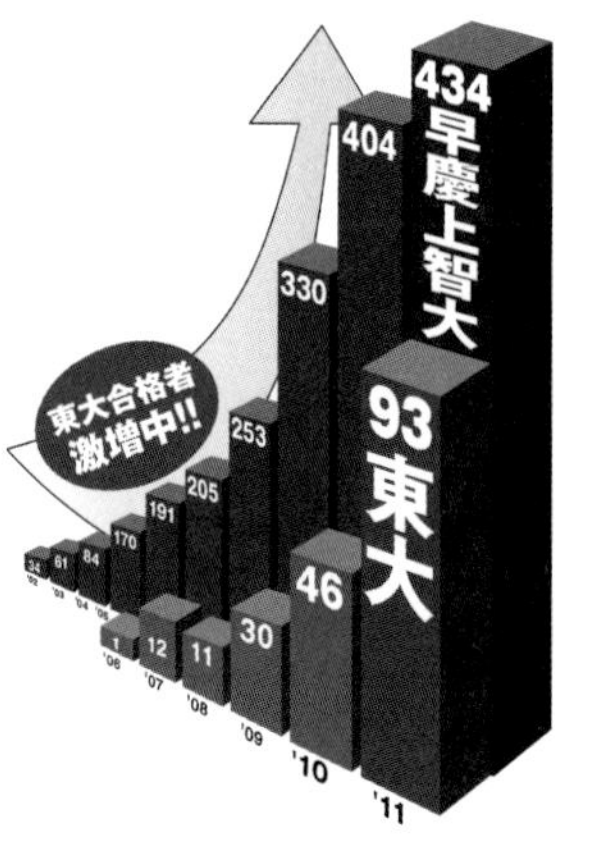

春 卒業と入学

別れと出会いが入り混じり、Success18は大きく動き出します。

3月は別れと出会いの季節。私立大学の合格発表もほぼ終わり、国立大学前期日程の合格発表は、通常3月10日ごろ。笑顔あふれる高校3年生を送り出すこの日を境として、Success18は学年が切り替わります。新高校2年生・3年生は、3月に通常授業開講。新高校1年生も、3月半ばから無料春期講習として、高校生としての学習を開始します。

Success18の受講システムは、単科制。高校1年生は、月3回・毎週90分ごとの授業を、高校2・3年生は、月3回・毎週120分ごとの授業を、1講座から受講できます。高校1年生では、英語・数学・国語、高校2年生では、英語・数学・国語・理科（物理・化学・生物）・社会（世界史・日本史）、高校3年生では、英語・数学・国語・理科（物理・化学・生物）・社会（世界史・日本史・地理）が開講されています。

それぞれの科目は、受講生のめざすレベルによって、さらに細分化されています。英語・数学・国語の主要3科目では、上から順にT、SK、R、

R（オープンクラス）
青山学院、立教、明治、法政、中央、学習院、東京理科大、国公立など難関大学を目指す人のための講座。基本的な知識の確認から始めて、大学入試に通じる原理原則のマスターを目標として講義を進めます。

SK（オープンクラス）
難関国公立大・早稲田、慶應義塾、上智、ICUなど私大最高峰の大学を目指す人のための講座。高1の段階から本質を見据えた学習を行います。いたずらに進度を速めるのではなく、各単元での本質的理解を目指し講義しています。

TW/T（選抜クラス）
東大、京大、一橋大、東工大、国公立医学部など最難関大学を目指す人のための講座。高1の段階から入試レベルの深い知識を扱い、余裕を持って最難関レベルの大学への合格を約束します。※TWは中高一貫校に通う東大志望者対象のクラスです。

また、理科・社会では、1組・2組とクラスが設定されています。Tクラスは、東大の頭文字からとった名称で、東大をはじめとする、最難関国公立大学合格をめざした選抜クラスです。SKクラスは、早稲田・慶應義塾大の頭文字からとり、早稲田・慶應義塾・上智などの、最難関私立大学合格をめざすよう設計されています。Rクラスは、レギュラーの頭文字からとられ、大学受験の世界でG－MARCHと呼ばれる、学習院・明治・青山学院・立教・中央・法政といった難関私立大学をめざすよう設計されています。

こうしたレベルの、さらに上に設定されたのが、TopWinクラス。開成・筑波大附属駒場・桜蔭・日比谷・学芸大附属などの、最難関高校に通う生徒で構成され、東大や国公立医学部合格を確実なものとするよう設計された特別編成選抜クラスです。2011年度段階では、Success18池袋・渋谷校のみに設置

され、Ｓｕｃｃｅｓｓ18東大合格者の中核をなす、早稲田アカデミーの頂点に立つ頭脳集団です（クラスの設置数は、校舎によって異なります。詳しくは、各校舎にお問い合わせください）。

こうした単科制ときめ細やかなクラス設定によって、あれもこれも強引に詰め込む勉強スタイルではなく、学校の授業進度やクラブの活動時間などに合わせて、無理のない受講が可能となっています。もちろん、学期途中での受講開始も可能。科目指導のエキスパートである授業担当の講師本人が丁寧にみなさんの現状をカウンセリングし、大学受験指導や学校の成績アップ、内部進学のための弱点補強など、個々の必要に合わせて、どの科目の、どのクラスレベルを、どの時期から、どう始めたらよいかを、丹念にアドバイスします。どうしても受講ができない、しかし、勉強はしたい。そういう場合でも、自学自習でなにをどうしたらいいかの助言を惜しみません。生徒1人ひとりの、等身大の人間像に向きあうこと。大手予備校にはない、私たちの魅力であり、強みであると確信しているシステムです。

イベントの「春」
『高校生活ガイドブック』で完璧対応

運動会や文化祭など、学校行事が目白押しとなるのは、秋というイメージがあります。ところが、春も思いのほかにイベントの多い季節。5月に実施される開成高校の運動会をはじめとして、学芸大附属の体育祭や筑波大附属駒場の音楽祭など、新学期は、さまざまな行事に忙殺されます。新高校1年生などは、これに加えて、正式加入した部活動や難度が高く進度が早い高校の学習内容についていくので手一杯。

本気！現役合格
Coach Motivate Navi
Success18
高校生活ガイドブック
高校生になったら・・・を
一足早く学習しよう
The best for your dreams.
早稲田アカデミー

Ｓｕｃｃｅｓｓ18では、そうした多忙な春の高校生活をバックアップするべく、新高校1年生を中心に、毎年『高校生活ガイドブック』を配布。大学受験の仕組みから、おすすめ参考書、平均的な学習時間や、各学校の部活や行事の実態など、数千人の塾生を対象としたアンケート調査をもとに、通っている学校のナマの様子を紹介しています。

中間テスト・保護者会（5月）
充実の学校別・科目別対策講座・無料個別指導ＦＩＴで万全の準備

5月もゴールデンウィークを過ぎると、多くの3学期制の高校では中間考査が実施されます。

高校は大別して、3学期制と2学期制の学校に分けられ、3学期制の学校では5月に、2学期制の学校では7月に中間考査を実施するのが普通です。Ｓｕｃｃｅｓｓ18では、受験勉強と学校成績は、両輪を描く機関車のように、相互に支えあっているものだという考えのもと、定期試験対策には万全の対策を施しています。

過去問・予想問題配布、論点整理講義などからなる学校別対策講座のほかに、苦手分野克服のための科目別対策講座、また、納得するまでとことん質問を繰り返すことのできる無料個別指導ＦＩＴなど、あらゆる角度から、学校成績向上の手助けをします。

なお、ＦＩＴは、Ｓｕｃｃｅｓｓ18出身の現役東大生をはじめとする大学生スタッフによって運営され、その多くが、生徒の通う高校のＯＢ・ＯＧから構成されています。かゆいところに手の届く、各学校独自の癖まで教えてもらえるはずです。

学校成績は、今後を占う指標としても重要。例えば、学芸大附属高校ならば、1学年約360名、全8クラスで、1クラス平均45名。2011年春の東大現役合格者数は42名ですので、成績上位者が東大をそのまま受験するとするならば、42÷8≒5となりますから、定期考査において、安定してクラス5位以内を保つことができれば、東大にそのまま進学しうる、という理屈になります。

万全の定期試験対策・弱点補強
トレーニング個別指導『F.I.T.』
フィット
塾生無料
演習・解説 個別学習システム
「わかる」から「できる」へ
自分の時間に合わせた復習
スモールステップで本気をカタチに
トレーニング個別指導 F.I.T.
少人数・志望校別 クラス授業
成績アップ！志望校合格！

ちなみに、この42名のうち、9名は、Ｓｕｃｃｅｓｓ18渋谷校の生徒でした。

中間考査と同時期に、Ｓｕｃｃｅｓｓ18各校舎では、保護者のみなさまを対象とした保護者会も開催（2回目は10月）。大学受験の概要や、私たちのサポート体制の説明に始まり、実際の授業担当者を交えた現状の成績分析や、志望校に合わせた今後の学習方針の提示などを行っています。

塾内模試（6月上旬）
シニアテストに挑戦

6月には、年度初めのシニアテストが実施されます。シニアテストとは、高校1・2年生で、6・9・11・2月、高校3年生で、6・8・9・10・11月に実施される塾内模試のことで、高校1・2年生はすべて記述式、高校3年生の8・10月はマークシート形式、6・9・11月が記述式です。高校1・2年生は英数国の3科目、高校3年生は、英数国理社の5科目が実施されます。

丁寧な採点のもと、得点や偏差値はもちろんのこと、苦手分野の指摘や、志望校の合否判定など、総合的に現状の成績が分析されます。返却された成績は、科目担当講師間ですぐさま検証会議にかけられ、過去数万人のデータと照合させながら、今後の成績推移の予想や、個々の状況に応じてとるべき戦略の構築を行います。

次回の季節は夏。6月下旬から9月までを扱います。受験生の天王山と呼ばれる夏休みの使い方、高校1・2年生が部活と勉強を両立させる工夫、そして、早稲田アカデミーの代名詞ともなった夏期合宿など、余すことなくお伝えします。

みんなの数学広場

問題編

中1〜中3までの各問題に生徒たちが答えています。
どの生徒が正しい答えを言っているか当ててみよう。
もちろん、当てずっぽうじゃなく、実際に問題を解いてみてね。

TEXT BY かずはじめ
数学を子どもたちに、楽しく、わかりやすく、使ってもらえるように日夜研究している。好きな言葉は、"笑う門には福来たる"。

●答えは50ページ

中3

下の図のような円すいがあります。点Aから円すいの側面にひもを2周かけるとき、このひもの最短の長さを求めましょう。
ただし、Aから出たひもは2周を終えるときAに戻るとします。

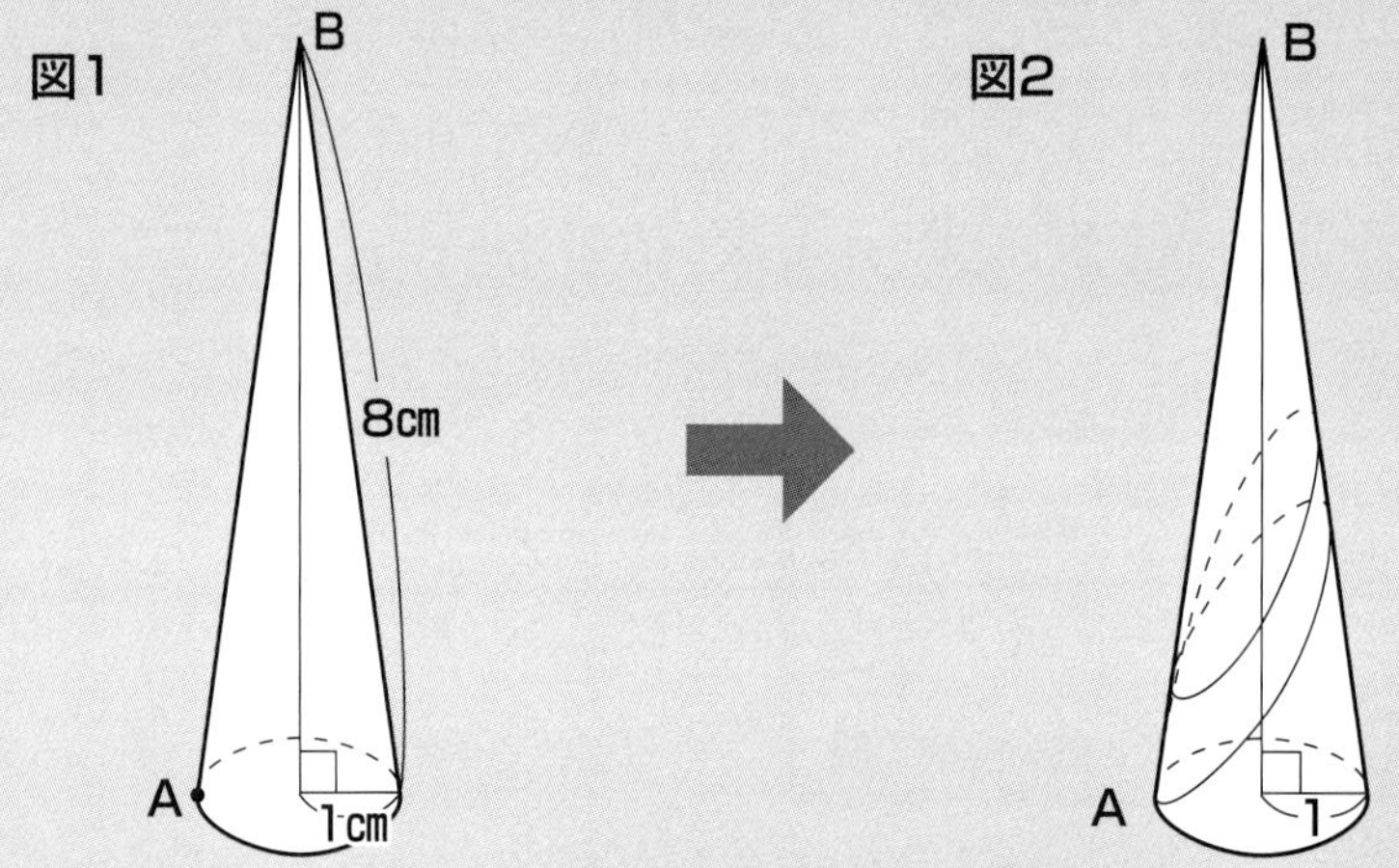
図1
B
8cm
A
1cm
図2
B
A
1

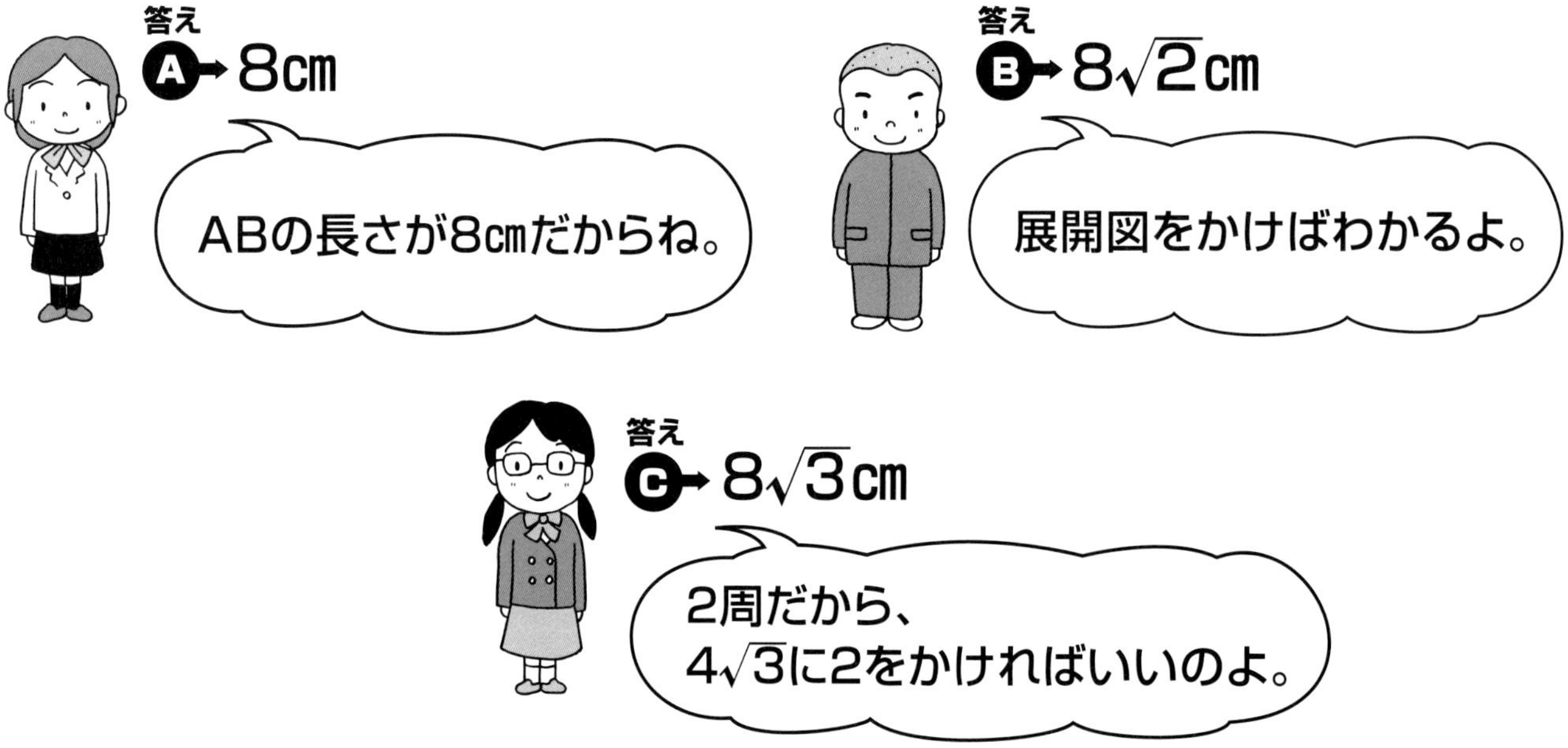
答え
A 8cm
ABの長さが8cmだからね。
答え
B $8\sqrt{2}$cm
展開図をかけばわかるよ。
答え
C $8\sqrt{3}$cm
2周だから、
$4\sqrt{3}$に2をかければいいのよ。

中2

正三角形ABCがあります。

AB, BC, CAをそれぞれ1：2に内分した点をA′, B′, C′とします。

また、A′B′, B′C′, C′A′をそれぞれ1：2に内分した点をA″, B″, C″とします。

このとき、△ABCと△A″B″C″の面積比は？

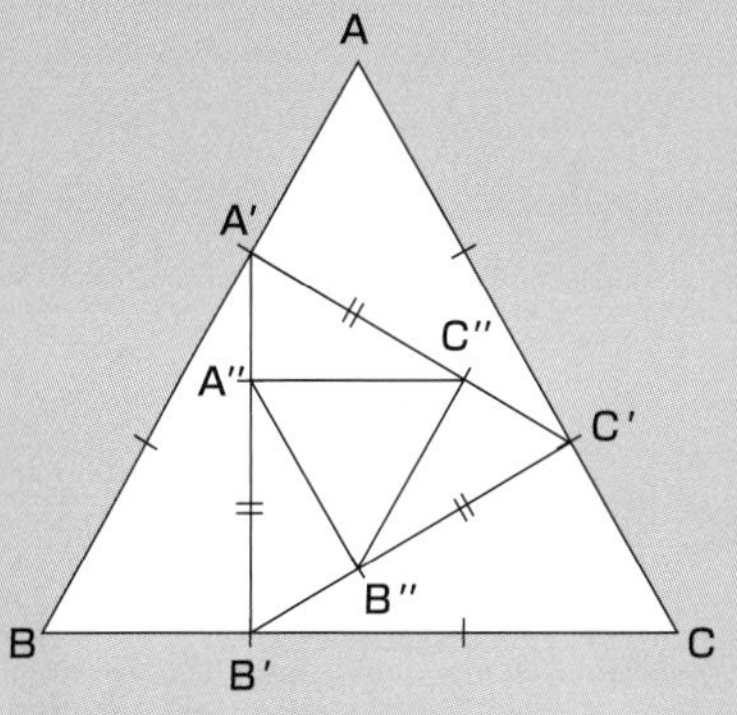

答え A→ 9：1

まず、△A′B′C′の面積を出すわ。

答え B→ 8：1

1：2だから、2を3回かければいいよ。

答え C→ 7：1

見た感じ、これくらい?

中1

1.46464646…のように同じ数字を繰り返す小数を循環小数と言います。

1.4646446…＝$1.\dot{4}\dot{6}$

2.7777…＝$2.\dot{7}$

では、$1.\dot{4}\dot{6}$＋$2.\dot{7}$の答えは？

答え A→ $4.\dot{1}\dot{6}$

普通に足せばいいんじゃない?

答え B→ $4.\ddot{1}\dot{6}$

・の数がポイントだね!

答え C→ $4.\dot{2}\dot{4}$

ちゃんと計算する必要があるね。

解答編

中3

正解は 答え **B**

展開図を作ると

図3

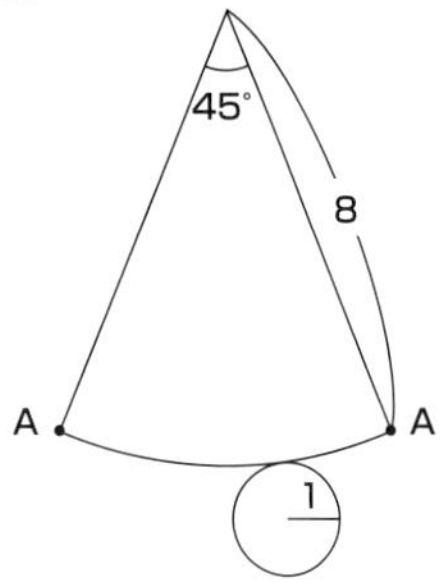

この側面を2枚用意すると

図4

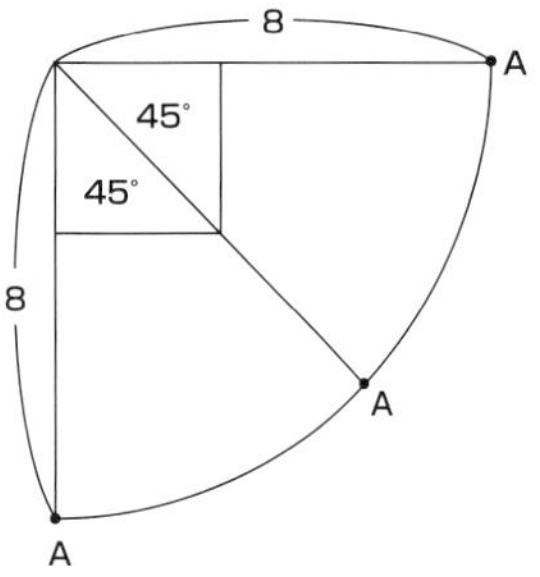

Aを出発して2周目にAに戻るのは最短を考えて

図5

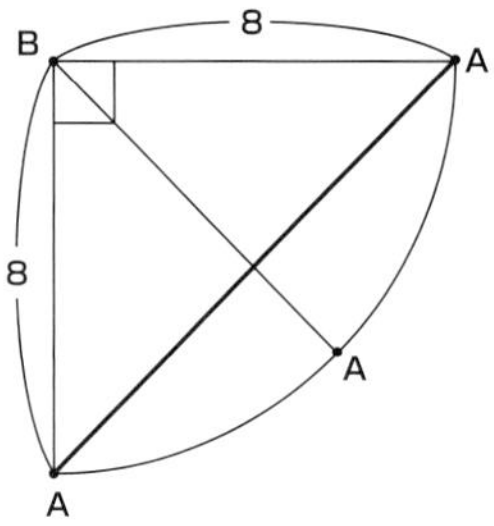

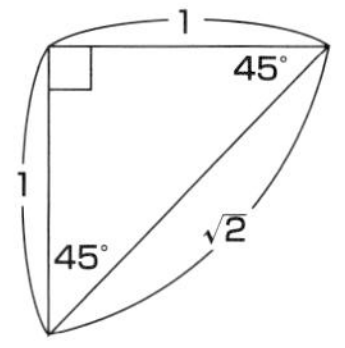

と考えて、求める長さは

$8\sqrt{2}$cm。

答え A を選んだキミ

ちゃんと計算した？

答え C を選んだキミ

ということは、
どこに正三角形が見える？

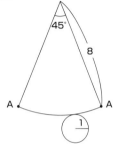

中2

正解は 答え A

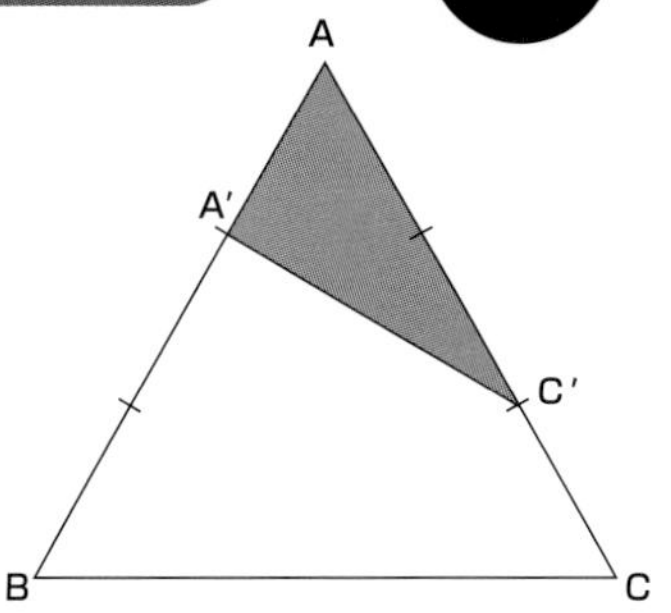

△C′AA′は△ABCの $\frac{1}{3}\times\frac{2}{3}=\frac{2}{9}$ 倍です。

同じようにして

△A′BB′や△B′CC′も△ABCの $\frac{2}{9}$ 倍です。

だから

△A′B′C′は△ABCの $1-\left(\frac{2}{9}\times3\right)=\frac{1}{3}$ になります。

つまり

△ABC∽△A′B′C′の面積比は3：1

同じように△A′B′C′∽△A″B″C″なので

面積は△A″B″C″＝ $\frac{1}{3}$ △A′B′C′

よって

$1\times\frac{1}{3}\times\frac{1}{3}=\frac{1}{9}$

つまり△ABC：△A″B″C″＝9：1

答え B を選んだキミ

$2^3=8$ とか考えましたか?

答え C を選んだキミ

ちゃんと計算してみて!

中1

正解は 答え C

$x=1.464646\cdots$　とおくと

$$\begin{array}{rl} 100x = & 146.464646\cdots \\ -)\quad x = & 1.4646466\cdots \\ \hline 99x = & 145 \\ x = & \frac{145}{99} \end{array}$$

次に　$y=2.7777\cdots$ とおくと

$$\begin{array}{rl} 10y = & 27.7777\cdots \\ -)\quad y = & 2.7777\cdots \\ \hline 9y = & 25 \\ y = & \frac{25}{9} \end{array}$$

$$x+y=\frac{145}{99}+\frac{25}{9}$$
$$=\frac{420}{99}$$
$$=4.242424$$
$$=4.\dot{2}\dot{4}$$

答え A を選んだキミ

そんな単純な話じゃないんですよ!

答え B を選んだキミ

そんな記号はありませんよ！

東京農工大学

農学部獣医学科3年

後藤《ごとう》瞬《しゅん》さん

人間と動物の関係がよくなるように仲立ちしたい

トキの人工繁殖を見て獣医師をめざした

――獣医学科は何名くらい在籍しているのですか。

「農学部は1学年約300名おり、そのなかでも獣医学科は一番学生が少ない学科で1学年約40人しかいません。毎日同じメンバーで授業を受けています。」

――獣医学科のカリキュラムはどのようになっているのですか。

「獣医学科は6年制で1、2年生のころは教養科目と生理学や解剖学などの基礎科目が多いです。3年生くらいから徐々に応用科目・実習が多くなり、ちょうどいまは問診、視診、聴診、採血などを実習で勉強しています。4、5年生とさらに応用的な講義・実習を経て、6年生の2月に獣医師国家試験を受験することになります。」

――では、いずれ牛や馬に対しても実習をするのですか。

「はい。構内の奥にいるのですが学校が広くて移動が大変です。畑などもあり、森と言われるくらいですので自転車は必須ですね。」

――獣医師国家試験とはどういったものですか。

「試験はかなりの問題量があるので1日で終わらず、2日間にわたっての筆記試験です。獣医師試験に合格すれば、晴れて獣医師となり、犬や猫の医者の場合は開業医の病院などに入って経験を積みます。昔と違っていまは、人間と同じように動物病院も専門科が細かく分かれてきています。」

――普段の学校の試験はどういったものですか。

「『教材の持ち込み可』はまれにあるくらいで、ほとんどが不可ですので大変です。レポートだけもまれですね。3年の前期は13～14科目試験がありました。獣医師になるにも暗記力が重要ですね。逆に獣医学科は理系なのに数学はまったくといっていいほど使っていませんね。

牛や馬の臓器や骨も覚えたのですが…忘れてしまいました。使わないとすぐ忘れてしまいます（苦笑）。でも講義でやったことは実習で出てくるのでまた覚え直して、国家試験までに覚えるべきことはその繰り返しで覚えていきます。

フィールドミュージアム府中
農学部に広がるフィールドミュージアム。乳牛を育て、野菜などさまざまな作物を作っている。ここの野菜を勝手に持ち帰ると退学になるらしい。

「獣医師は扱う動物の種類が多いので、医者とは違った意味で大変です。肉食動物と草食動物で身体の仕組みも違いますから。しかも扱ったことがない動物などは、扱ったことのある獣医師に聞きにいったり、講演会に参加したりして勉強するしかないんです。学内では国家試験での勉強で手一杯でそこまでは無理ですね。ですから、獣医師として本当に頑張らなきゃいけないのは、卒業して働き始めてからですね。」

――獣医師になろうとしたきっかけはなんですか。

「小学3年生のときに、トキの人工繁殖成功のニュースを見て、野生動物保護に興味をもち、『獣医師になろう』と思い現在にいたっています。高校1年生の冬に大学を調べたら、関東の国立大学で獣医学科は東大と農工大の2つしかなく、農工大1本に絞って頑張りました。」

――当時、部活はなにをやっていたのですか。

「高校では吹奏楽部に入っていました。小さいころからピアノをやっていて、中学3年のときに、映画の『スウィングガールズ』を観て、それに影響されサックスを吹きたくなって吹奏楽部に入りました。」

――現在サークル活動はしていますか。

「吹奏楽団に入っています。そしてもう1つ『のたっと〜人と動物を結ぶ会〜』というサークルの代表を11月の学園祭まで務めていました。

　活動内容は小学校や幼稚園などを訪問して、ヤギやウサギなどの動物にふれあう体験をしてもらいます。動物介在教育という、教育の現場で動物を介在して、教育的効果を高めようという試みをしています。

　例えば、近くの小学校に出向いて、ヤギの身体の仕組みなどを教えています。また、砂漠化が進む原因として、家畜のヤギが草を食べてしまうことがあげられていて、動物を通して環境問題について子どもたちに考えてもらったりもしてます。ほかにもさまざまなことを動物を通して考える授業を展開しています。」

のたっと～人と動物を結ぶ会～
農工大のサークルで幼稚園や小学校でハムスター、モルモット、ウサギ、ヤギなどとふれあい体験をしている。

間違いノートを作って合格を勝ち取った

――将来の夢はなんですか。

「まずは獣医師試験に合格して、それから1人の獣医師として、伴侶動物（人と長い歴史をともに暮らしてきた身近な動物）と人間がよりよい関係が結べるように飼い主と動物との仲立ちをしていきたいです。」

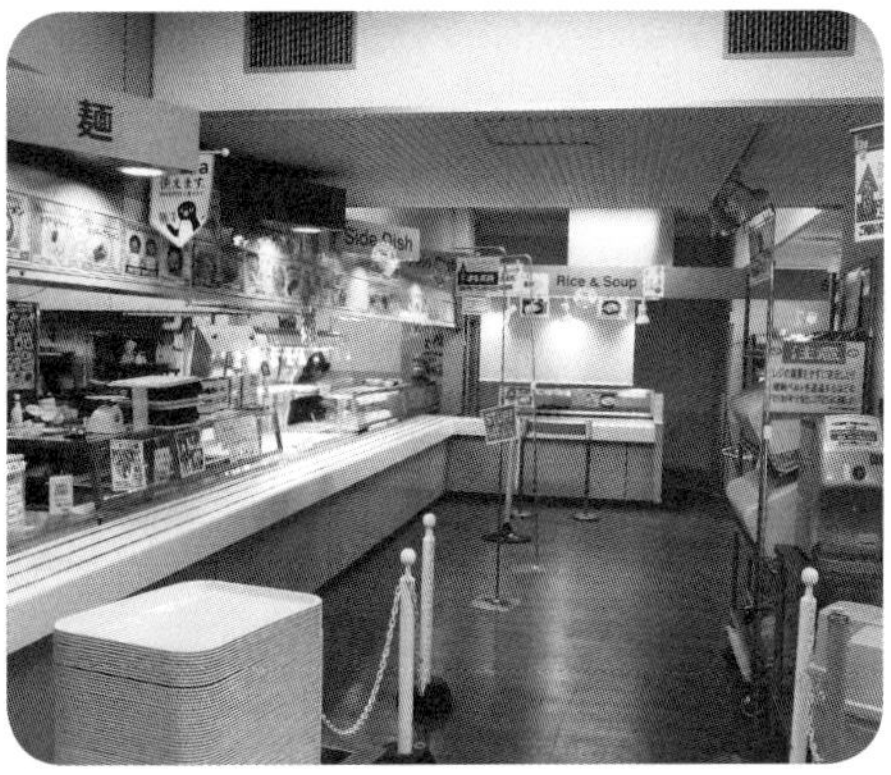

――最後に受験生にアドバイスをお願いします。

「当時、苦手な数学をカバーするために理科・社会は満点近くとらないといけなかったんです。そのため間違えた問題はコピーしてノートに貼って見直しをしていましたし、解説もその下に書いていましたね。間違いノートだけで1教科2冊はありました。そのおかげで本番はうまくできたと思います。みなさんも間違いノートを作ってみるといいですよ。」

ダイジョウブ

レストランに行ったとき、例えばハンバーグを注文したとして、ウエイトレスから「ハンバーグでダイジョウブですか」なんて聞かれたことはないかな。「はい、ダイジョウブです」と答えて、ハンバーグが運ばれてきて、なんの問題もなく食事をして店を出る。

最近、この「ダイジョウブ」がよく聞かれるようになった。でも、この使い方はちょっとおかしいんだ。

ウエイトレスの言う「ダイジョウブですか」の意味は注文の確認で、本来は「ハンバーグでございますね」と確認すればいい。だが、「ダイジョウブ」には確認の意味はない。もし、ハンバーグを注文していなければ「ハンバーグでダイジョウブではありません」と答えることになってしまうから、意味が通じない。したがって、用法としては間違いだとわかる。

「ダイジョウブ」は漢字で書くと「大丈夫」。もともとの中国での意味は「立派な成人男性」なんだ。長さの単位である1尺は約30㎝、1丈はその10倍の約3ｍだが、いまから2500年以上前の古代中国の周尺では、1丈は約1・7ｍだった。ちょうど成人男性の身長ぐらいだね。そこから立派な成人男性を「大丈夫」というようになったんだ。

その言葉が日本にも入ってきて、やはり成人男性の意味で使われたんだけど、そのうちに、「しっかりしている」「問題ない」「間違いない」といった意味に変化していき、現在にいたっているわけだ。

それがいまや、事実の確認の意味に使われるようになってしまったんだね。

さらに最近は「何々してください」という意味でも「何々してもらってダイジョウブですか」なんて言うこともある。「こちらの席に移ってもらってダイジョウブですか」とかね。もちろん、この使い方も間違い。だけど、言葉は生きものだから、そのうちに認知されて、「メールを送ってください」を「メールを送ってもらってダイジョウブですか」なんて言ったり、先生が生徒に「出席をとりますから、名前を呼んだら、返事をしてもらってダイジョウブですか」なんて言う時代が来るのかもしれないね。

教えて
マナビー先生

世界の先端技術

新方式のカメラ

撮った写真の被写体の、前にも後ろにも、
どこにでもピントを合わせることができる

プロフィール
日本の某大学院を卒業後、海外で研究者として働いていたが、和食が恋しくなり帰国。科学に関する本を読んでいると食事をすることすら忘れてしまうという、自他ともに認める"科学オタク"。

「ピンぼけ」を追放する画期的なカメラが誕生

みんなにとって写真を撮る作業はとても身近なことだと思う。いまではカメラ機能がついていない携帯電話なんてどこにもない時代だからね。でも、撮った写真を見て「あれっ、ピントが合っていないや」なんていうこともたくさんあるんじゃないかな。そんな失敗は絶対になくなるカメラが発明されたんだ。

アメリカのLytro社が発表したカメラは、いままでのカメラとは違い、撮ったあとで、ピントを前の方の人にも、後ろの背景にでもどこにでも変更できるんだ。

普通のカメラはレンズで入った光を集光し、フィルムやセンサーとの距離を変更することで、対象物の焦点を合わせている。これを記録してしまうので、ぼけた写真をあとから修正するのは困難だ。

今回発表されたLytro社のカメラで記録するのは、焦点面の画像ではなく、レンズから焦点へ向かう光線の状態だ。そのため撮影したあとから見る人が見たい位置に焦点を合わせ直すことができる。

いまではほとんどのカメラにオートフォーカス機能がついているが、このカメラではフォーカスは基本的にあとで合わせればいいので、そんな機能も必要なくなる。そのためカメラ内部の構造も簡単になり、焦点を合わせることなく、いつでもシャッターを切ることができるというわけ。

このカメラには普通のカメラにあるレンズとセンサーに加えて、小さなレンズ群（Plenoptic Lens）があり、どの方向から光線がきたのかを記録している。

解像力についてだが、いままでのカメラでは画素の数（ピクセル数）で表していたが、今度は記録する光線の数を使って表している。今回発表になったカメラでは11メガレイ(11M rays)となっている。RAYとは光線のことだ。

このカメラなら、いわゆる「ピンぼけ」写真は、将来すべてなくなるし、あとから写真のなかにある被写体になら、誰にだって、どこにだってピントを合わせられる。

光の方向を記録しているので、カメラ側から見る位置自体も変えられる。そのため１枚の映像から３Dの画像も作ることができるんだ。

それ以外の可能性や、夢の広がりも感じられる。ほんとうにおもしろいカメラができたものだ。

第23回

産経新聞 編集委員 大野敏明

今月のキーワード

TPP

野田首相は11月中旬、ハワイで開かれたアジア太平洋経済協力会議（APEC）の席上、環太平洋経済連携協定（TPP）の交渉に参加する方針を表明しました。

TPPについては、国内にも貿易推進、景気回復の原動力となるとして経済界を中心に賛成する人々がいる一方、農業や医療に壊滅的なダメージを与えるとして根強い反対論もあり、その参加の是非をめぐって激しい対立があります。今回、首相が交渉参加の協議入りすることを表明したことから、国会を中心にさらに大きな議論を呼ぶことと思われます。

TPPとは、参加した国々の間で、関税やさまざまな障壁を取り除き、ヒト、モノ、カネの往来を自由にすることを目的とした取り決めです。

例えば、自動車や家電製品には、国によってそれぞれ関税がかけられていますが、これを撤廃することで、消費者に外国の製品を安く供給することができ、看護や介護など不足している人材のやりくりを行うこともできます。したがって、経済界などは賛成しています。

逆に、高い関税で保護されている米を中心とした農業では、安い外国の米が輸入されることで、日本の米が売れなくなり、農業が壊滅的な打撃を受けると心配する人が多くいます。また、金融自由化で、郵便貯金などの見直しを迫られるという意見もあります。

このように賛否両論がありましたが、野田首相はTPPへの参加ではなく、TPP交渉への参加を表明することで、賛成派、反対派の双方に気を配った形をとりました。

米国としては、台頭する中国に対抗する意味でも日本の参加を強く希望しており、日本は、一定レベルでそれに応えたことになります。民主党政権になってから日米関係はややぎくしゃくしており、野田首相としては、関係改善の意味もあって交渉参加の協議入りを表明したともいわれています。

環太平洋経済連携協定（ＴＰＰ）拡大交渉に参加するオバマ米大統領（中央）ら９カ国の首脳（アメリカ・ホノルル）AFP＝時事
撮影日:2011-11-12

TPPには現在、米、ペルー、チリ、オーストラリア、ニュージーランド、マレーシア、ブルネイ、ベトナム、シンガポールの９カ国が参加していますが、カナダやメキシコも参加を表明しており、これから参加国が増えることが予想されています。

東日本大震災で、経済的にも大きな痛手を受けた日本。TPPが、果たして日本経済を立て直す原動力となるのか、それとも、さらなる打撃を与えることになるのか、賛成、反対双方の対立はまだまだ続きそうです。

高校受験ここが知りたい Q&A

英語の長文で知らない単語が多いのですが。

入試が近づき、志望校の過去問を解いていて、とくに私立高校の英語長文で困っています。とにかく知らない単語が多すぎるのです。これからなんとかなるものでしょうか。対策があれば教えてください。

（世田谷区・中３・YM）

およその意味がわかれば大丈夫です！

公立高校と私立高校では、入試問題の出題において基本的な違いがあります。それは英語の長文などではっきりと表れます。文章に使用される単語の出題範囲が、通常の教科書に用いられるものを中心に構成されているのが公立高入試なのに対し、私立高、ことに上位難関校になると、教科書レベルを超えた単語であっても、文章上で必要があれば使用されているのが一般的です。ですから、ご質問者のような印象を受けるのも当然といえるでしょう。ただ、あまりに難しい単語については長文の下部などに注がつけられていることも多くあります。

そして、長文問題における単語は、原則として大まかな日本語の意味がつかめれば十分です。

基礎的な単語については、英語を日本語にできるだけではなく、日本語→英語を正しいスペリングで書くことができるレベルまで要求されます。しかし、私立高入試の英語長文では、およその意味がわかれば、それでいいのです。ですから、単語力がないと悩みすぎることはありません。

具体的な対策としては、専用のノートを用意しておいて、過去問題などを解いたあと、知らなかった単語と日本語の意味をメモしておくようにしてはどうでしょうか。何回も出てきたり、ときどきノートを見直すことで少しずつ単語力がついていきます。気楽に考えてメモを増やしていくことで、きっと克服できるはずです。

『スノーボール・アース　生命大進化をもたらした全地球凍結』

地球はかつて「全凍結」していた!?
壮大な謎に挑む科学者たちを描く

　地球が誕生してから約46億年。その歴史の大半の部分を占めているのが「先カンブリア時代」と呼ばれる時代だ。このあとのカンブリア紀に入ると、地球の生命体が一気に多様化し、その痕跡（化石など）も多く現代に残されている。

　しかし、先カンブリア時代は、その痕跡も少なかったり、あいまいだったりで、まだまだ謎の部分が多く残されている。この本は、その先カンブリア時代の地球について唱えられた、これまでの考えを一気に覆す仮説について書かれている。

　「氷河期」という言葉を聞いたことはあるよね。陸上の大部分が氷に覆われ、生物にとってはとても厳しい環境が訪れる時期のことで、先カンブリア時代を中心に、大きな氷河期が何度か地球を襲っている。でも、地球上が赤道まで凍ったことがあると考えた人はいなかった。地球でもっとも温度が高い赤道まで凍ってしまったら、2度と氷が溶けることはないと考えられていたからだ。

　これに対して、いくつかの先人たちの業績をもとに、6億年ほど前に地球上がすべて氷に覆われたとする「全地球凍結仮説《スノーボール・アース》」を唱えたのが、地質学者のポール・ホフマンだ。この仮説はあっという間に賛否両論を巻き起こした。初めは「そんなわけはない」という論調が多かったが、ポールは、その反論を論破したり、それをもとにさらに自説を発展させながら徐々に支持者を増やし、現在では、「全地球凍結仮説」は多くの支持を得ている。この本に描かれているポールの生き方は、これまでの考えに縛られず、自分を貫くことの大切さを教えてくれる（もちろん楽ではないのだけれど）。

　また、著者は、ポールだけではなく、そのほかのたくさんの科学者たち（この仮説に反対している人々も）にもスポットを当てている。だから、読む方は、一方的な見方ではなく、いろいろな角度からこの仮説について考えることができる。ほかにも、地球や生物の歴史についても語られていて、ワクワクしながらページをめくっていくことができる1冊だ。

『スノーボール・アース
生命大進化をもたらした全地球凍結』

著／ガブリエル・ウォーカー
刊行／早川書房
価格／800円＋税

SUCCESS CINEMA サクセスシネマ vol.23

ドラゴンって怖い？・優しい？

ヒックとドラゴン

2010年/アメリカ/パラマウント/
監督：ディーン・デュボア　クリス・サンダース

作品名：ヒックとドラゴン スペシャル・エディション（1枚組）価格：1,890円（税込）
DVD発売元：パラマウント ジャパン
発売日：2011年07月22日発売（発売中）

少年とドラゴンの堅い友情

今月号では2012年の干支、辰にちなんでドラゴンの映画をご紹介します。かつてからドラゴンは人々の敵。いつ来るともわからないドラゴンの襲撃に備えながら、村の日常は続いていました。ある日、村長の1人息子ヒックは、たまたま投じた矢が命中し、1頭のドラゴンを仕留めます。そのドラゴンは、村人が最も恐れるナイト・フューリーでした。しかし、ひ弱なヒックは、身動きの取れないナイト・フューリーにとどめを差すことができません。この日を境に、ヒックとナイト・フューリーは少しずつ心の距離を縮めていきます。監督は、ディズニーアニメ「リロ・アンド・スティッチ」の監督を務めたディーン・デュボアとクリス・サンダースの名コンビ。エイリアンの試作品として誕生したスティッチは、一見凶暴ですが、内面は愛情豊か。この映画に登場するドラゴンと重なって見えます。ときに可愛らしく、ときに優しいドラゴンたち。大空を切り裂かんばかりのド迫力の高速飛行も見事なCGで表現されており、壮大なクライマックスは手に汗握ります。ドラゴンの魅力を堪能できる1作です。

サラマンダー

2002年/アメリカ
/監督：ロブ・ボウマン

タイトル：サラマンダー　発売日：2010年2月17日　発売元：（株）ショウゲート　販売元：ポニーキャニオン　価格：4,935円（税込）

人類の生き残りをかけた戦い

“サラマンダー”という言葉は、いろいろな意味を持って使われています。正式には両生類の有尾類の動物英称に使われますが、架空のものとしては炎や溶岩に生息する精霊であったり、巨大トカゲのような化けものであったり…。あるいは、焦げ目をつけるキッチン製品の名称に使われたりしています。

この作品でのサラマンダーは、空を飛び、火を噴き、人間を襲う巨大なドラゴン。2020年、突如として復活し、恐ろしい勢いで増殖するサラマンダーの前に人類は滅亡の危機を迎えていました。この強大な敵に弱点はないのか――。イギリス人とアメリカ人が残されたわずかな兵力と頭脳を駆使し、生き残りをかけた戦いに挑みます。

見るも恐ろしいサラマンダーとの戦闘シーンは迫力満点です。

ドラゴンハート

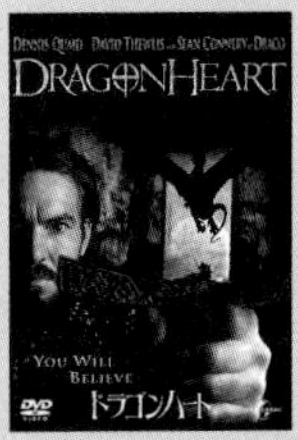

1996年/アメリカ・イギリス・スロベニア/ユニバーサル映画　UIP/監督：ロブ・コーエン

「ドラゴンハート」DVD発売中
価格：1,500円（税込）
発売元：ジェネオン・ユニバーサル・エンターテイメント

“悪”は人間の心の中にあるもの

舞台は10世紀のヨーロッパ。ドラゴンと騎士が協力して、悪政を行う王と戦うファンタジー映画です。

戦争で瀕死の重傷を負った王子アイロンを、恐怖政治を廃止するという約束と引き替えに、自分の魂を半分譲って助けたドラゴン。ところが、誓いは破られ、王となったアイロンは暴君となり人々を苦しめます。失意のドラゴンは、ひょんなことから出会ったドラゴン狩りをするドラゴンスレイヤーと行動を共にすることになります。はたしてドラゴンとドラゴンスレイヤーは暴君の悪事を食い止めることができるのでしょうか…。

古来から人々に恐れられてきたドラゴンですが、真の姿はどうなのでしょうか。この作品はドラゴンの清らかな内面を描き、逆に権力を持った人間の身勝手さを強く訴えています。

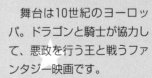

サクセスランキング

★ Success Ranking ★

高校生に聞いた大学のイメージランキング

前号に続いて、大学についてのランキングを紹介するよ。今回は、関東在住の高校３年生に聞いた大学のイメージランキングだ。イメージによっていろいろな大学の名前があがっていて興味深い。みんなは将来、どんな大学に行きたいかな？　イメージをふくらませて、勉強へのモチベーションにつなげよう！

就職に有利なイメージ

順位	大学名	区分	%
1	**早稲田大**	**私立**	**53.0**
2	東京大	国立	51.5
3	慶應義塾大	私立	36.4
4	上智大	私立	31.0
5	京都大	国立	29.3
6	立教大	私立	23.0
7	明治大	私立	21.7
8	一橋大	国立	21.3
9	東京理科大	私立	20.7
10	中央大	私立	17.4

国際的なセンスが身につくイメージ

順位	大学名	区分	%
1	**上智大**	**私立**	**27.8**
2	東京大	国立	27.5
3	東京外国語大	国立	24.3
4	早稲田大	私立	22.7
5	神田外語大	私立	17.9
5	国際基督教大	私立	17.9
7	慶應義塾大	私立	15.9
8	立教大	私立	15.8
9	青山学院大	私立	12.2
10	関西外国語大	私立	9.7
10	京都大	国立	9.7

おしゃれなイメージ

順位	大学名	区分	%
1	**青山学院大**	**私立**	**32.8**
2	立教大	私立	29.4
3	上智大	私立	25.1
4	慶應義塾大	私立	23.3
5	お茶の水女子大	国立	16.8
5	早稲田大	私立	16.8
7	フェリス女学院大	私立	15.5
8	白百合女子大	私立	15.0
9	明治大	私立	12.0
10	東京女子大	私立	11.6

親しみやすいイメージ

順位	大学名	区分	%
1	**明治大**	**私立**	**13.9**
2	早稲田大	私立	11.8
3	立教大	私立	11.7
4	駒澤大	私立	9.0
5	法政大	私立	8.5
6	日本大	私立	8.1
7	上智大	私立	7.6
8	東洋大	私立	7.4
9	青山学院大	私立	6.7
10	慶應義塾大	私立	6.6

※『進学ブランド力調査2011』より「高校生に聞いた大学ブランドランキング2011」（リクルート）

受験情報

monthly topics

東京都立

来年度から毎年250人が留学へ

東京都教育委員会は来年度(2012年度)、都立高校生約250人を公費約5億円(予算請求額)をかけて留学させる方針を決めた。数年後には年間約350人まで増やすという。1年コース(50人)と1ヵ月コース(200人)に分け希望者から面接などで選ぶ。留学前には半年程度の研修があり、ノーベル賞級の研究者や世界で活躍するアーティストらを講師として招き、リーダー論などを学ぶ。留学先は米国や豪州など英語圏の高校。

留学も単位として認め、帰国後に留年の必要はないという。現地の研究施設や企業での研修も検討する。

埼玉公立

来年度入試学力検査注意事項

埼玉県教育委員会は、2012年度入試における学力検査での注意事項を発表した。学力検査は3月2日に行われるが(このほか3月5日に実技や面接)、集合時刻は午前8時45分。休憩をはさみながら国語・数学・社会・理科・英語の順に午後3時10分まで行われる。

携行を許されるのは鉛筆、消しゴム、三角定規、コンパス、時計(計時機能のみ)だけで、普段筆箱にあるボールペン、蛍光ペン、色鉛筆や下敷きなどは不可なので注意したい。

15歳の考現学

首都圏で進む学力重視の入試には教育格差助長の懸念も

Nobuyasu Morigami
森上 展安
もりがみ・のぶやす
森上教育研究所所長。1953年、岡山県生まれ。早稲田大学卒業。進学塾経営などを経て、1987年に「森上教育研究所」を設立。「受験」をキーワードに幅広く教育問題をあつかう。近著に『教育時論』や『入りやすくてお得な学校』『中学受験図鑑』などがある。

断ち切りたい教育格差の連鎖

神奈川の県立高校改革案が公表され、いよいよ東京の都立高校改革案がどのようになるか注目される今日このごろ。

競争が緩和しすぎて勉強をしなくなったといわれる現状を、学力試験重視ということに変え、もう少し学習をしっかりして受ける入試に改めよう、というのが大きな流れでしょう。

確かに、学力偏重などといわれ、過度な受験競争に世論の批判が渦巻いたひところとは異なり、いまはあまりに広き門になっていますから、人口減少時代にふさわしい入試のあり方を再検討しよう、という流れのなかにあるのです。

しかし、一方で親世代の所得格差が広がり、費用をかけて学力を伸ばすことができる家庭と、そうはできない家庭とでは、子どもの学力差も大きくなっているようです。

本来なら学力の低い子どもには公教育がそれなりの対応をしなくてはいけないはずです。

例えば、大阪府のように私学の費用を公立高校と同じにして、親の収入の多寡《たか》にかかわらず公私選択が自由にできるようにする。

その結果大阪では、より本当に学力をつけたい、という受験生は公立高校に行かず私立高校の中下位校に行きました。

それは明らかに私立中下位高校の方がかゆいところに手が届く指導をしてくれているからです。

ところが首都圏での現実の改革は、学力選抜重視が各都県で進みつつあるだけですから、親所得の格差拡大にともない、より多くの受験生が学費のかからない公立高校に進学せざるをえない。

しかし、そこには学力のカベがあるから年収の少ない家庭の受験生は学力が低ければ公立の底辺校に行くしかない。

せっかく、私学で面倒見のよいところがあっても費用が出せないから断念する。

こういう傾向が強くなれば、結果、高校受験が親の世代の格差を次の世代の格差に広げる、という結果を招きかねません。

学校への働きかけが大切

ここまでは公私間のお話でしたが、一方で社会に出るときのことを考えれば、いまの学校での教育自体がこれでよいのだろうか、という疑問もあります。

例えば、英語1つとってみても、なぜ学校教育だけで話せるようにならないのか、ということが必ず世間でとりざたされます。

最近、早慶などの大学が中国語習得の優れたソフトを開発して成果をあげている、というようなことを聞きました。

こうした市場や他機関の優れた学習方法をいち早く取り入れる工夫がないと、学校教育自体の空洞化を招き、公私間を論ずる意義も失われてしまいます。というのも、わが国の場合、新規参入が難しいのが学校ですので、その劣化がかなり目につくからです。

かつての品川区の名物教育長である若月秀夫氏が、確か学校ビタミン論とかいう議論をされていたことがあり、学校というところはそれ自体では栄養補給ができず、外部からビタミンを取り入れるしかない。ついては、内部だけに教育資源を求めず、外に求めるべきだ、といったようなお考えでした。長年、教育現場を知悉《ちしつ》された方だけに実情なのでしょう。

例えば、早い話が学校の建物1つとっても汚いよりはきれいな方がよいということがあり、新しい校舎が建てられると、そこは決まって合板やプラスチックがたくさん使われてしまいます。

これで学校がシックスクール化し、新建材でシックハウスが蔓延した事態をさらに大規模に拡大していきます。これを学校の内部から工夫改善しようという動きはなかなかありません。

ところが先日聞いたお話では、大阪府木材連合会は、スギ材を用いてのシックスクール改善や、生徒の免疫力向上の見通しをたて、これを広く実現すべく、府下の公立小・中学校を舞台に、同条件でスギ材の有無での効果の違いを検証できるように調査をするまでにいたっているそうです。その活動・研究開発をされているかたによれば京大の研究所が協力してくれているそうで、科学的な裏付けも取れそうな段階といいます。

もしそうしたことが実現すればそれこそ公教育空間が安全で、健康なものに変わります。例えば多動で落ち着かない生徒も落ち着きを取り戻して学習に向かうようになり、成績が鮮明に向上した、などという報告もされています。

ご本人にとってなによりですが、教室の雰囲気にとっても顕著な改善があったことでしょう。

以前にも記したことがありますが、挙動不審者が刃物を持って教室に入るという事件が多発した時代に、わが国は即物的に金属探知器を校門入口に取りつけたりしましたが、その時期、米国では化学物質による体内・教室汚染が報告されました。

いま、米国では室内空気がよくなければ学習空間として適切ではないという方針が、国の機関で宣言されているようです。

福島第一原発事故で大気汚染の怖さが人々の話題にのぼりつつありますし、体内被曝という考え方も人々に知れわたりつつあるように思います。

放射能も目に見えませんが、化学物質の多くは色も臭いもしない場合が多く、それでいて環境中に、じつに多く毒性のあるものが含まれているのがわが国の実情です。

食育に加えて、こういった、いわば〝空育〟も、じつは身体に影響のある基本的なことなので、もっとしっかり対策を取らなければならないでしょう。

しかし、学校というところは朝から晩まで人の世話で超多忙なところです。こうした外部の知見を学校に活かすようにする機能をだれかが支えて、もっとスムースに、もっと機動的にしたいところです。

欧米のように学校を新しく簡単に始められるのならばともかく、事実上は難しい、という現状では、こうした外部の支援を受けやすい仕組みをつくれないと、学校への不信が増幅して行きかねないでしょう。公私の問題、学校それ自体の問題とさまざまに制度上の問題がありはしますが、それでも日本の学校はやはりなかなかしっかりしています。

学校も生き物で、構成員で相当変わります。生徒、父母はその最大の変動要因ですから、より実りある教育機関になるよう、日々の働きかけが大事です。

学校への〝縁〟を深め社会を豊かにしたいものです。

「公立志望者」私立併願の基本

他県私立校にも目を向けよう

首都圏の私立高校受験生には、公立高校が第1志望で「第2志望で私立を受ける」という受験生の方が多い。しかし、公立高校の平均倍率は高くなる一方だ。第1志望だからといって、それを失敗したら行き場がなくなることはどうしても避けたい。早めに「私立高校」の合格を安全に確保したうえで、第1志望の公立校合格をめざしたい、というのが多くの受験生の思いだろう。今回は、都県別に私立高校併願の考え方について、その基本を紹介しよう。

東京

都立高校が第1志望で、都内の私立高校を第2志望とする場合は、2月10日から開始される東京都の私立高校の一般入試を受験して「滑り止め校」を確保するのが一般的だ。一部の学校では行われていないが、ほとんどの私立高校で公立高校との「併願優遇制度」があるので、これを利用したい。この制度は、都立高校を第1志望（他県の公立高校も可）とし、私立高校が第2志望の場合に、各校の定める条件を満たしていれば、その私立高校への高い合格可能性を確保してもらえるものだ。

この制度では、各中学校の担任の先生に志望を話しておき、12月15日から始まる各公立中学校と私立高校との事前相談によって確定させる。

さて、公立高校は在住都県の高校を選ぶことしかできないが、私立高校は他県の学校を選ぶことが可能だ。都立高校が第1志望の場合、「滑り止め私立校」には都内だけでなく、埼玉、千葉、神奈川の学校にも目を向けてみよう。もちろん、通学できる範囲にあることが条件だ。

神奈川の私立高校を都立高校の滑り止めとして受験する場合は、東京都と同じく2月10日から開始する神奈川私立の一般入試を受験することになる。神奈川の私立にも「併願優遇制度」があるので利用したい。

もっと早く滑り止め校を確保する方法がある。それは千葉、埼玉の私立高校を受験することだ。千葉県内の私立高校は1月17日から前期入試をスタートさせる。千葉私立では、単願、併願といった入試日程区分がないため、都立高校が第1志望であっても受験することができる。併願であれば千葉県公立後期の合格発表（3月7日）まで手続きを待ってくれるのも利点となる。

都立高校の推薦入試と同じ1月22日から入試が始まる埼玉の私立高校も、その多くが、千葉と同様に公立高校との併願が可能だ。

これら、千葉と埼玉の私立高校を利用すれば、都立高校の推薦入試（1月27日）までに合格校を確保することも可能で、安心感を得られる意義は大きい。

千葉・埼玉の私立高校を併願する場合、これら1月の前期募集期間内に合格校を確保することが重要だ。2月からの日程になると募集数が大きく減り、高倍率となるからだ。

両県とも、前期でもその多くで学力検査が実施されること、また、埼玉では、私立高校と受験生本人または保護者が事前相談を行わなければならないことも忘れてはならない。

神奈川

神奈川県の公立高校入試は2013年度入試から、推薦・一般の区別がなくなり一本化される。これと並行して私立高校の入試制度も変わるので、現行の制度では、最後の入試となる。

現行の制度で神奈川県の公立高校を志望する場合、私立との併願ではまず推薦入試のうち「推薦Ⅱ」を受ける方法があるが（1月22日～）、これは公立前期との併願しか認められていない（公立前期不合格ならその私立高校に進学せねばならず、公立の後期入試は受験できない）。そこで公立高校を第1志望とする場合は、私立の一般入試（2月10日～）と公立の後期（2月16日）とで併願を考えることになる。

では、公立高校第1志望者はどうするかというと、東京と同じく「併願優遇制度」を利用して、私立高校の一般入試（2月10日～）を受ける方法を多くの受験生がとる。この制度では、各私立高校が定める条件を満たし基準を超えていれば、事前相談で、ほぼ合格が確約される。

「書類選考」という制度もある。**鎌倉学園**、**藤嶺学園藤沢**、**横浜**には公立との併願が可能な書類選考形式の入試がある。出願時に書類を提出するだけの入試で、合格発表は私立の一般入試と同時期だが、基準を満たしていれば合格確実で人気が高い。来春の2012年度入試では、関東学院が少人数（男女10人）だが高校募集を書類選考で再開する（合格発表2月10日）。

では、もっと早く「滑り止め校」の合格を手にする方法はないだろうか。千葉・埼玉の私立高校を受験することも可能なのだが、通学するとなると隣接している東京とは違って、併願校としては現実的ではない。ところで、東京の私立高校のなかには、都外生向けにのみ公立との併願可能な推薦入試を実施している学校がある（1月22日～）。

本来、千葉、埼玉の受験生のためのものだが、そのなかに神奈川県からも受験可能な学校があるのだ。これを利用すれば神奈川在住の受験生でも、1月中に東京の私立高校の合格を確保できるので注目したい。

2012年度入試では、**桜美林**が、この都外生向け推薦入試を始める。神奈川からも多くの応募者を集める学校だけに人気が出そうだ。

東京の私立高校でこの都外生推薦入試を実施し、合格すれば、一部負担金はあるものの神奈川県公立後期の合格発表まで手続き金を待ってくれる学校は、**桜美林**のほか、**小野学園女子**、**国士舘**、**駒沢学園女子**、**駒澤大**、**駒場学園**、**昭和第一学園**、**正則**、**拓大一**、**帝京八王子**、**東京都市大等々力**、**二松學舍大附**、**八王子**（**来春から八王子学園八王子**）、**目黒学院**などがある。

ただし、手続きを待つ高校であっても手続き金の一部を納入しなければならない場合があり、金額も高校によって異なるので志望校を決める際には募集要項をよく調べておく必要がある。

千葉・埼玉

1月からスタートする私立高校入試では（千葉17日～、埼玉22日～）、推薦や一般の区別はしなくてよいことになっている。埼玉では前期、後期の区分もない。

隣の東京都の私立高校では、その多くが推薦入試時に公立高校との併願推薦を実施しているので、東京の私立高校を受験することもできる。いずれにしても1月中に私立の合格校を確保しておきたい。2月の入試校は募集も少なく、難度も高い。

推薦入試はないが、事前相談による確約はある。事前相談では内申点だけでなく模擬試験の平均結果偏差値を重視する学校が多い。

埼玉では公立入試が3月になったため（2日、5日）、公立対策として、私立合格のあとの過ごし方が合否を決めるポイントとなる。緊張感を維持するのが難しければ、2月に入試を実施する難関私立や、県外の国私立難関校を試し受験してモチベーションを維持する方法もある。

公立
Public School

受験校決定のデータベース
都立進学校の入口と出口

この時期、すでに受験校を決めた中3生も少なくないと思います。しかしそのあとで、模試の結果や過去問の手応えなどから、受験生の心には迷いや悩みが湧いてくるものです。受験校の最終決定までには、各校の入試の内容や大学合格実績などの点検が、繰り返し必要になります。そこで今回は、都立の「進学指導研究協議会校」のうち、来春、高校募集を行う33校について、模試の合格基準をもとに、各校のデータベースを作ってみました。

都立進学校の学校選び

東京都には、大学への進学指導を研究するグループとして、「進学指導研究協議会」があります。この会には、進学指導重点校（重点校）7校、進学指導特別推進校（特進校）5校、進学指導推進校（推進校）14校、中高一貫教育校（一貫校）10校の、計36校が参加しています。

このうち中等教育学校となって、高校募集を停止した**小石川**、**桜修館**（都立大附属）、**立川国際**（北多摩）の3校を除く、33校が、来春、高校募集を行います。

1　募集人員

表①の募集学級数の欄を見てください。普通科では1学級が40人と決められています。8学級なら320人の募集ですが、年度初めは、転勤等で2学期に入学する者の枠を2〜3名分除いて募集します。

重点校は**青山**を除き8学級、特進校は単位制の**新宿**と**国分寺**以外は7

学級の募集です。推進校や一貫校では、4学級、2学級など、募集学級数が少ない学校があります。そうした学校では、倍率の変動が極端になる場合もあるので注意が必要です。

一貫校のうち、**南多摩**と**三鷹**は中等教育学校で、来春が最後の高校募集です。ほかに、**白鷗**、**両国**、**武蔵**など、中学開校後も2学級の高校募集を続ける、併設型一貫校があります。再来年からは、**富士**、**大泉**の2校が、2学級募集になります。

単位制の**新宿**、**墨田川**、**国分寺**と**国際**では、男女合同で合格者を決めますが、それ以外の学校では、おおむね半数ずつ、男女別々に、合格者を決めています。

2 合格基準

表①の合格基準の欄には、進研Vもぎの合格基準（めやす）を掲げました。アミカケの数字は前年より基準があがったことを表しています。基準は前年の倍率や受験者の追跡調査から毎年更新されますが、今年は33校中22校で上昇しています。

グラフ①では、基準の高い（男女で基準の異なる場合は平均値の高い）学校の順に、左から並べました。

表①

指定	学校名	募集学級数	合格基準		推薦入試			一般入試				難関大合格数	占有率(今春現浪計)			
			男子	女子	作文小論文	調査書の割合	小論文または作文の割合	検査問題	特別選考	前年倍率 男子	前年倍率 女子		国公立	早慶上	MARCH	日東駒専
重点校	日比谷	8	880	880	論	63%	14%	自校	10	2.31	1.83	74	50%	88%	63%	2%
	西	8	870	870	作	60%	27%	自校	10	1.57	1.35	78	57%	81%	93%	8%
	国立	8	870	880	論	53%	24%	自校	10	1.52	1.42	62	61%	74%	120%	9%
	八王子東	8	840	850	論	64%	24%	自校		1.30	1.50	35	46%	45%	103%	21%
	戸山	8	850	850	論	58%	31%	自校	10	2.17	1.67	28	41%	52%	54%	15%
	青山	7	830	840	論	57%	29%	自校		1.75	1.92	13	34%	42%	104%	15%
	立川	8	840	850	論	56%	33%	自校	10	1.65	1.70	10	40%	39%	107%	24%
特推校	小山台	7	810	800	論	67%	22%	共通		1.82	1.95	6	23%	26%	75%	36%
	駒場	7	810	810	作	77%	14%	共通		1.94	1.93	4	17%	21%	82%	36%
	新宿	8	820		作	67%	17%	自校		2.14		6	23%	28%	88%	36%
	町田	7	770	780	論	69%	15%	共通	10	1.50	1.72	2	18%	14%	60%	41%
	国分寺	8	820		作	75%	8%	自校	10	2.07		4	28%	25%	77%	28%
推進校	三田	7	760	780	論	64%	14%	共通		2.09	2.36	1	9%	16%	42%	28%
	国際	4	820		論	50%	30%	英自		2.21		0	6%	43%	39%	5%
	豊多摩	7	710	730	作	60%	20%	共通		1.62	1.71	0	3%	3%	14%	26%
	竹早	6	800	810	作	70%	15%	共通		1.57	2.26	0	9%	17%	63%	41%
	北園	8	730	750	作	70%	15%	共通	10	1.25	1.57	0	4%	6%	33%	36%
	墨田川	8	690		論	67%	17%	自校	10	1.36		0	3%	2%	18%	41%
	城東	8	740	750	論	50%	25%	共通		1.54	1.62	0	6%	4%	37%	55%
	小松川	8	770	770	作	70%	10%	共通	10	1.50	1.38	1	13%	9%	57%	47%
	武蔵野北	6	780	790	作	60%	20%	共通	10	1.75	2.19	1	11%	18%	84%	66%
	小金井北	6	750	770	作	69%	15%	共通		1.66	1.95	1	6%	4%	36%	39%
	江北	8	630	630	作	69%	15%	共通		1.17	1.06	0	0%	7%	16%	30%
	江戸川	8	670	680	作	67%	17%	共通		1.16	1.35	0	0%	1%	9%	27%
	調布北	6	730	740	作	69%	15%	共通		1.50	1.73	0	4%	6%	44%	36%
	日野台	8	740	750	作	80%	10%	共通		1.63	1.55	1	7%	4%	40%	34%
一貫校	富士	5	760	770	作	78%	11%	自校		1.27	1.35	0	7%	15%	52%	37%
	大泉	5	780	790	作	82%	9%	自校	10	1.34	1.29	6	16%	25%	79%	26%
	白鷗	2	730	740	作	56%	22%	自校		1.89	1.37	10	21%	29%	49%	26%
	両国	2	810	810	論	67%	22%	自校	10	1.85	1.37	7	37%	29%	55%	29%
	武蔵	2	810	810	論	63%	25%	自校		1.48	1.15	8	27%	43%	83%	27%
	南多摩	4	800	800	作	70%	15%	共通		1.20	1.43	1	17%	16%	81%	37%
	三鷹	4	760	760		80%		共通		1.65	1.35	1	10%	12%	56%	39%

★募集学級数の白抜き数字は前年より１学級増となったことを表す。合格基準の網かけは前年よりアップしたことを表す。検査問題の「自校」は国数英の３科を自校作成する学校。国際は英語のみ自校作成している。

■が男子、○が女子です。学校名の下のアルファベットは、A…重点校、B…特進校、C…推進校、D…一貫校です。

グラフでは、重点校（A）は7校が左端にまとまっていますが、特進校（B）のうち**町田**は、男子７７０、女子７８０と、８００付近にいる**新宿**など他の4校から、少し右に離れた位置にいます。

推進校（C）は、**国際**（８２０）から、**江北**（男女とも６３０）まで広く分布、一貫校も**両国**（男女とも８１０）から**白鷗**（男子７３０、女子７４０）まで、意外に大きな差があることがグラフから読み取れます。

グラフ①

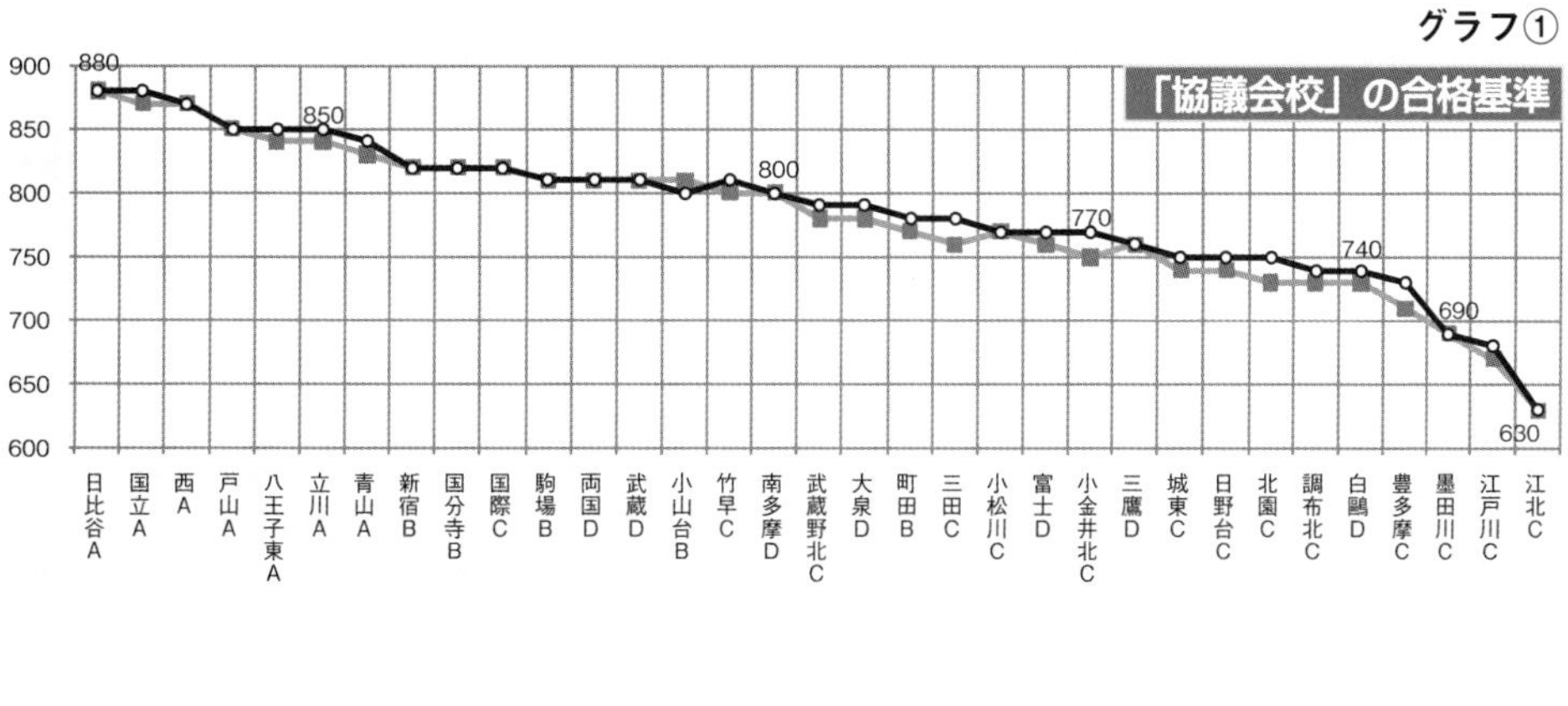

3 受検倍率

一般入試の受検倍率を合格基準の高い順に左から並べたのが、**グラフ**②（■…男子、○…女子）です。

三田女子の2・36倍、**日比谷**男子の2・31倍など、高倍率がめだちます。男女どちらかを含め、1・8倍以上の学校が33校中14校もあります。

　全体的に女子の倍率が高いこと、多摩地域はやや低いこと、一貫校は一部を除き低いことがわかります。受検倍率の高い低いは、基準の高さとは関係がなさそうです。

　来春は、都内の公立中卒業生が今年より約2000人増え、都立の募集人員も、それに合わせて約1200人、30学級、前年より増やします。

　このうち普通科では、29校で増やしますが、「協議会校」では、推進校の**江戸川**、**江北**、**日野台**の3校で各1学級増（表①の白抜き数字）となるだけ、重点校など、ほかの学校では今春と同じ募集規模です。

　卒業生数の増加や都立第一志望者の増加傾向を考えると、来春は、「協議会校」の倍率が高くなりやすいと考えられます。

　当然ですが、高倍率で受検者の多い学校では、多くの不合格者が出ます。今春、**新宿**では280人が、**三田**では246人が、**日比谷**では243人が不合格となりました。偏差値60以上の学校では、合計で約2400人が涙をのんでいます。

　こうした状況に、上位の受験生の間にも、安全志向が広がっています。公立中学校長会がまとめた今春の志望校調査では、重点校の志望者数（男女計）が、指定以来初めて、前年より少なくなりました。重点校→特進校→推進校と、一部で受験生の下方移動が起こっていると考えられます。

　しかし、下位の学校に移ると、受験生には、大学合格実績が大きく下がるという悩みが生まれます。どの程度の「下げ」なら許せるのか。自分の合格可能性と志望校の大学合格実績を秤にかけることになります。

4　大学合格実績

　グラフ④以降のグラフでは、合格基準を横軸に、大学合格数の占有率（現浪計）を縦軸に置いて、各校の値を折線で結びました。占有率とは、合格数を卒業生数で割った値です。

　初めに、難関大学の合格数（現浪計）で、グラフを作ってみました。都では東大、京大、一橋大、東工大、国公立大医学部医学科を難関大と決めています。**グラフ③**をご覧ください。こちらは占有率ではありません。

　「協議会校」合計の合格数は369名。このうち重点校…302名（1校あたり約43名）、特進校22名（同4・4名）、推進校…5名（同0・4名）、一貫校…40名（同4名）と、4つのグループに大きな差があることがわかります。

　重点校でも、**西**、**日比谷**、**国立**の3校計で214名と、重点校の7割を占める一方、**立川**、**青山**は10名前

グラフ②

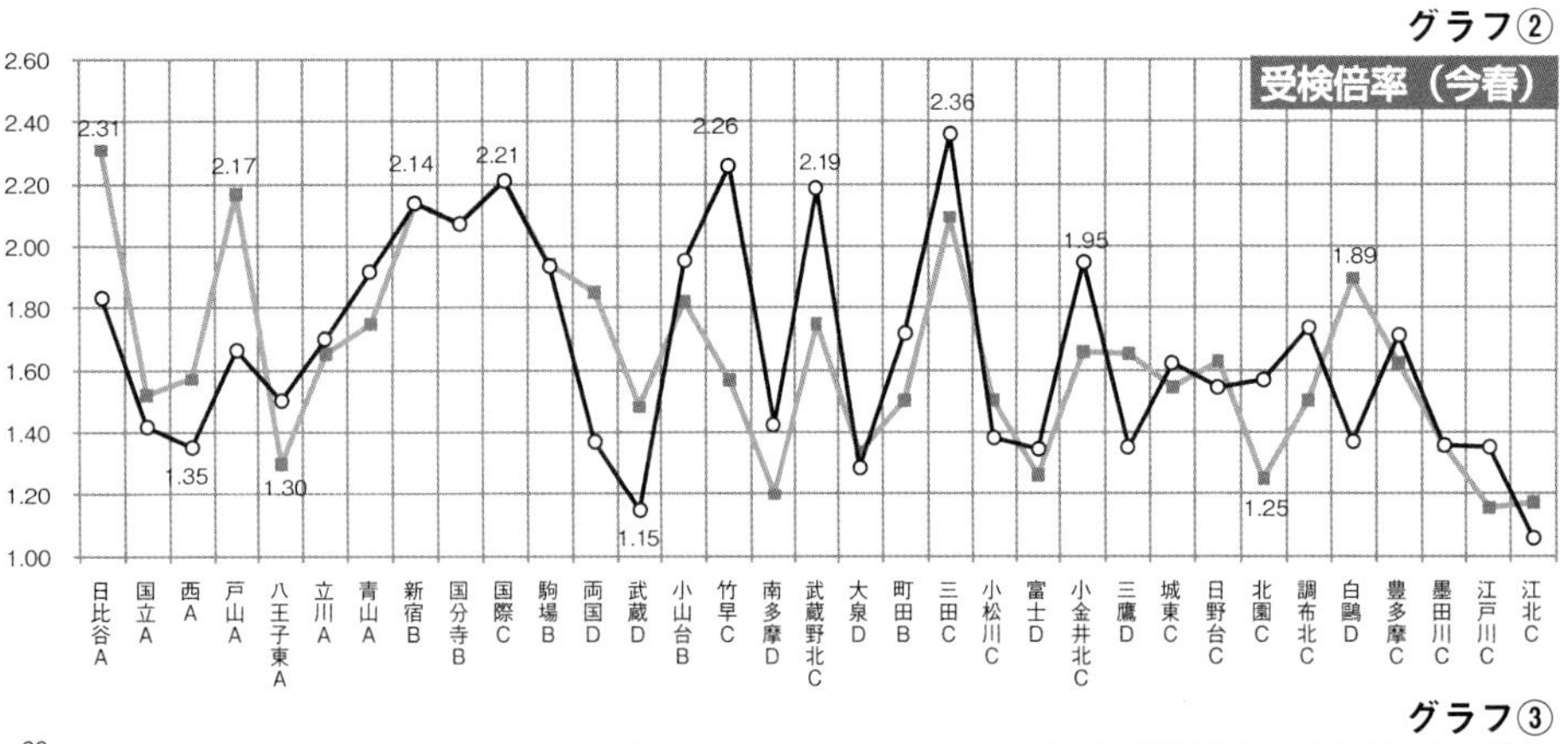

グラフ③

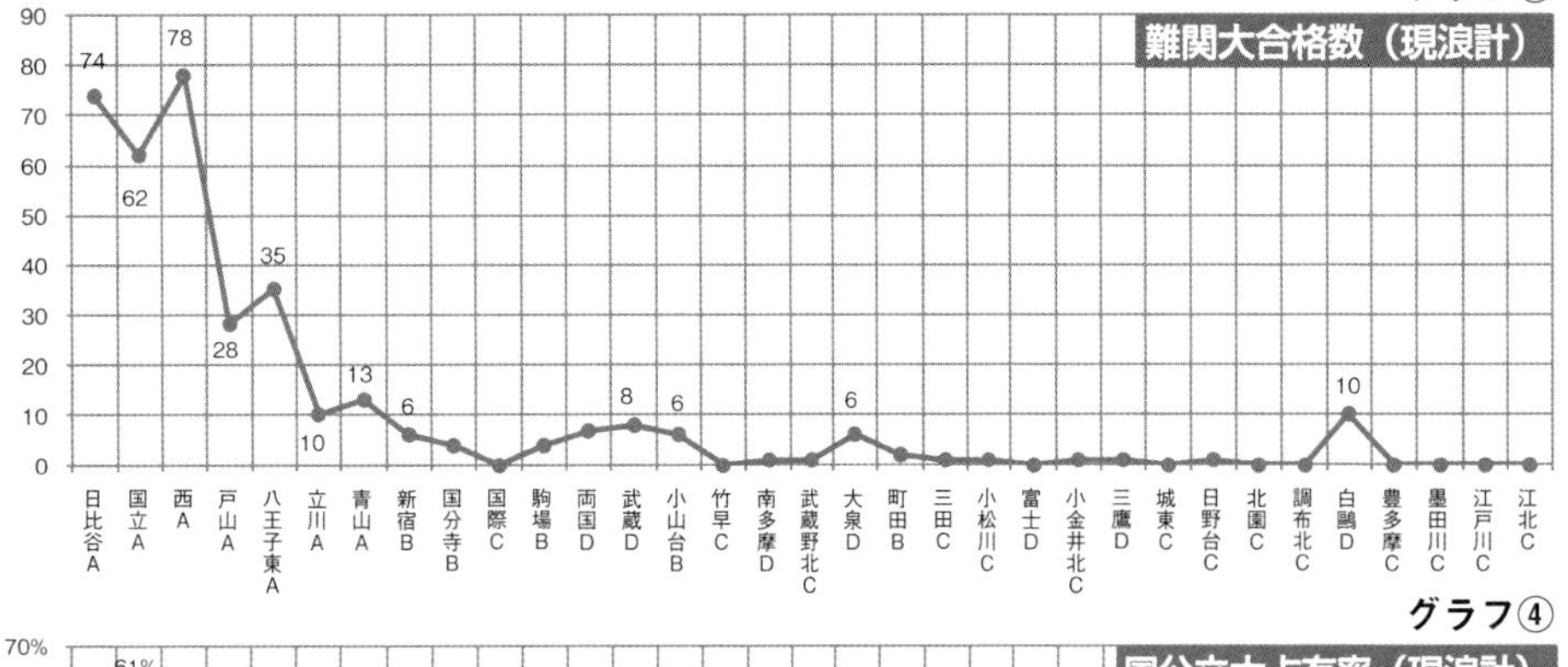

グラフ④

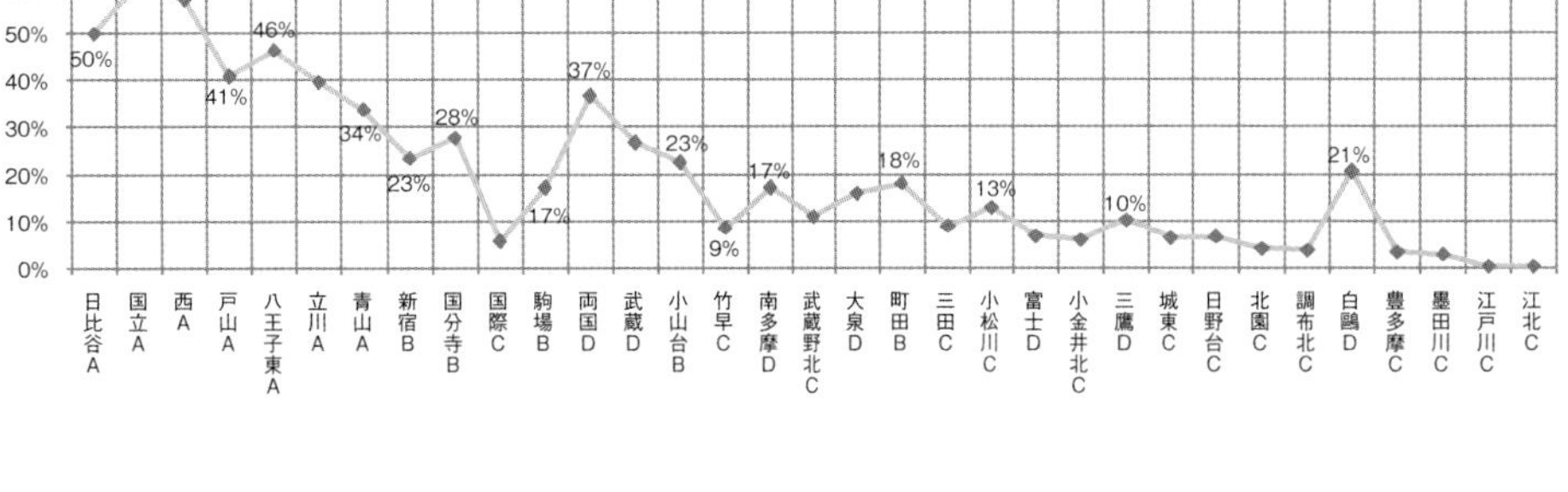

後に止まっています。一貫校の**白鷗**が10名と右方で小さな山を作っていますが、そのほとんどが、中学から入学した生徒です。

グラフ④では、国公立大学の占有率を示しました。

全体としては、左方が高く、右に行くほど低くなっていますが、多摩地域と東部地域がやや高め、逆に、中央部は**戸山**、**青山**、**新宿**、**駒場**などが低くなっています。

多摩地域や東部地域には、農工大、電通大、東京学芸大、首都大東京、千葉大など、比較的入り易い国公立大学が多くあること、反対に、都心には有力な私立大学が多くあることなどが原因のようです。

グラフ⑤では、早慶上智の占有率でグラフを作りました。

重点校はおおむね40%以上、特進校は**町田**（14%）以外は20%以上、推進校では、**国際**が43%と高く、一貫校も**武蔵**（43%）、**大泉**（25%）など、一部で高くなっています。

合格基準800未満では、**武蔵野北**（18%）、**三田**（16%）などが高く、右端の**江北**（男女とも630）の7%が光っています。

グラフ⑥はMARCHの占有率です。

国立（120%）**立川**（107%）、**青山**（104%）、**八王子東**（103%）と、100%を超える占有率の学校が、グラフの左側で大きな山を築き、**駒場**（82%）、**武蔵**（83%）、**武蔵野北**（84%）などが、中央部に80%台の台地を作っています。

日比谷、**戸山**、**国際**などの谷間はあるものの、左方から右方へ合格基準の順に並んでいるように見えます。**竹早**、**三田**、**小金井北**にくぼみがあり、**小松川**（57%）、**三鷹**（56%）、**日野台**（40%）、**調布北**（44%）などが峰を作っています。

⑦は日東駒専の占有率のグラフです。

一転して、グラフの形は右が高くなっています。とくに**武蔵野北**（66%）、**町田**（41%）、**小松川**（47%）、**城東**（55%）、**墨田川**（41%）などが切り立ってみえます。

以上、最後の学校選びのために、「協議会校」の入口と出口を比べてみました。もちろんですが、大学合格実績の高い学校が、必ずしも、あなたにいい学校だとは限りません。

入学したあとで、ついていけるのか。高校での競争の激しさに耐えられるのか。逆に、易しい学校を選んだ場合、自分を甘やかしてしまわないか。本当に自分に相応しい学校はどこか、これから、自問自答してください。それを繰り返すうちに、いまより大きな自分に出会えると思います。

グラフ⑤
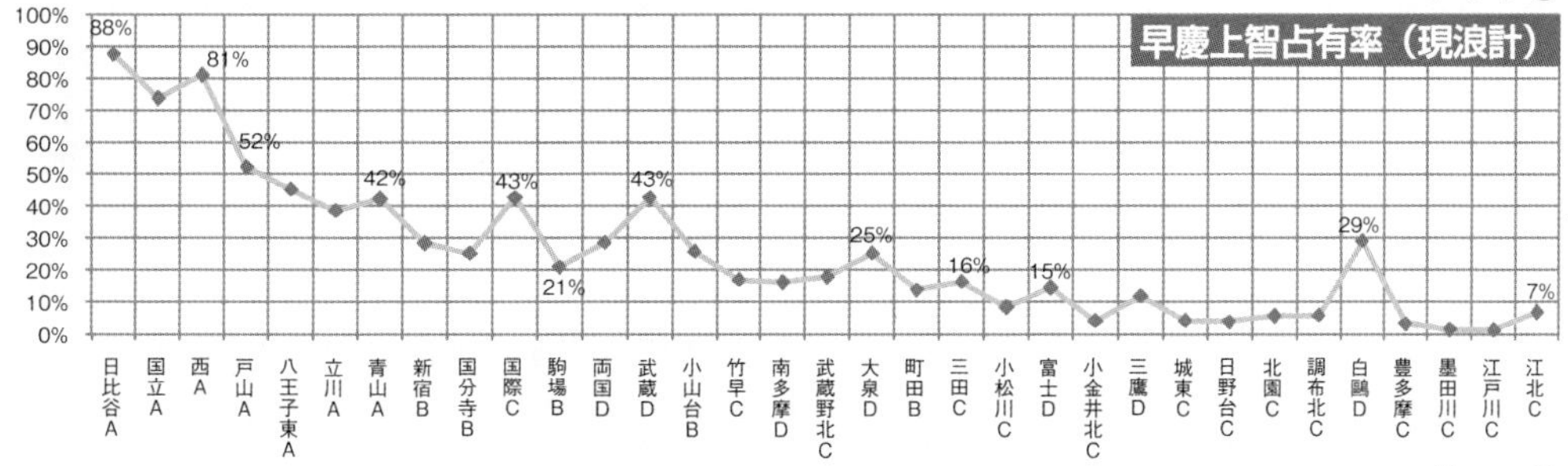

グラフ⑥
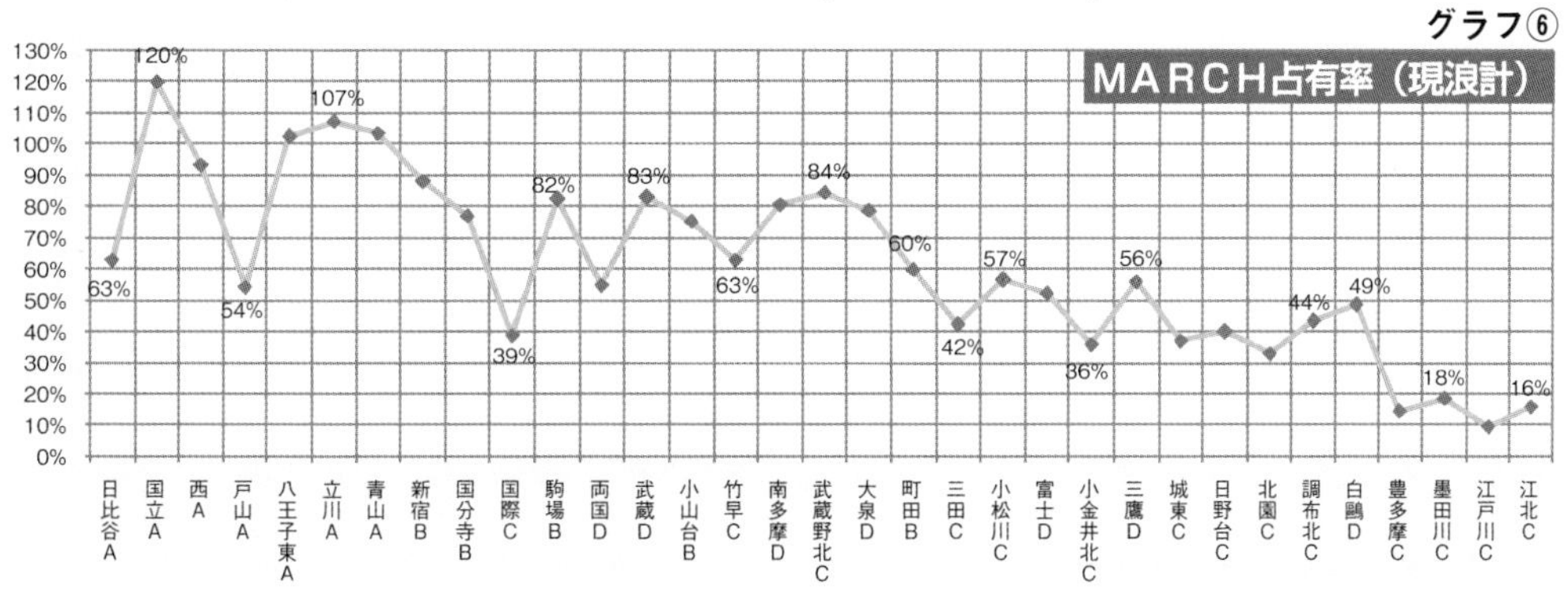

グラフ⑦
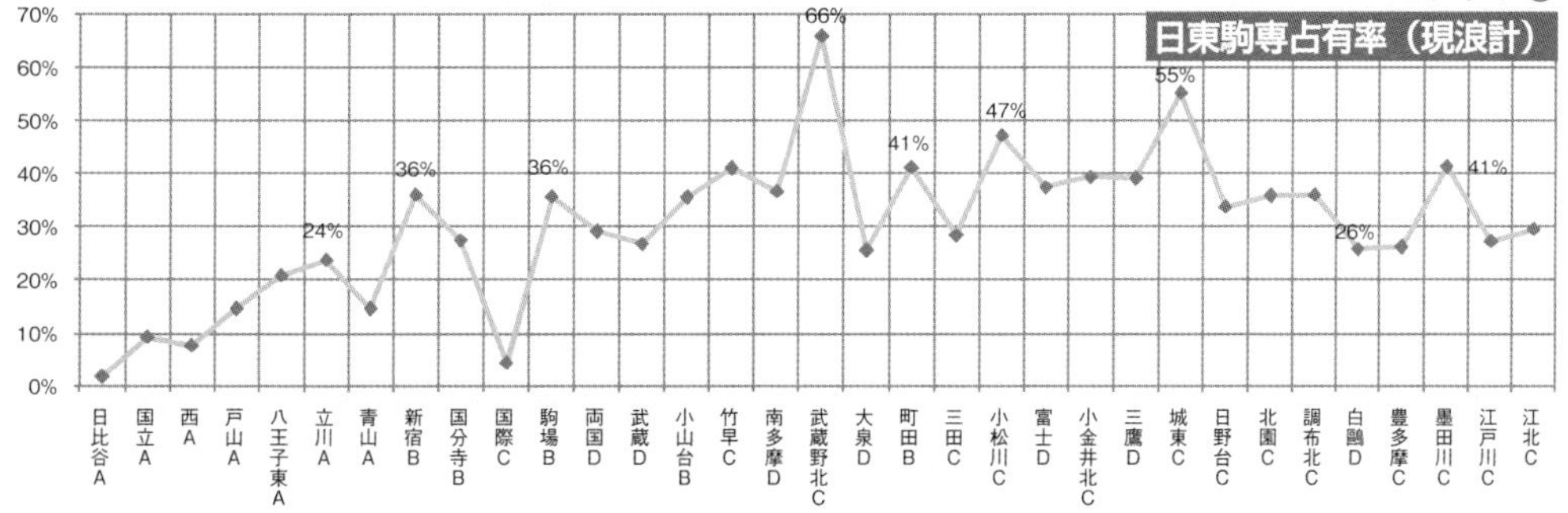

高校入試の基礎知識

自分で書いて自分で確認 願書の書き方レクチャー

まもなく「入学願書」の提出が始まります。入試時期が早い千葉の私立高校などでは、すでに郵送で受付を始めている学校もあります。そこで今回は「入学願書」の書き方をレクチャーします。掲載の名称については、各都県、公立、私立によって書類名称も違いますので、それぞれの実情に合わせて読んでください。

■本人が書くのが願書

高校受験での「入学願書」は、受験生本人が書きます。保護者氏名の署名欄などについては保護者が記入してもかまいません。

「受験生本人自署のこと」「受験生本人が記入すること」などの注意書きがある願書は、必ず本人がすべてを記入します。

このほか「健康調査書」など保護者が記入すべきものもあります。

願書記入欄のうち、「志望動機」や「本校を志望した理由」などは必ず本人が書きましょう。面接がある学校では、面接官が願書を見ながら質問をします。自分で記入しておかないと、書いておいたこと面接での応対に差違が出てしまう場合があります。別項で述べる「自己PRカード」や「自己推薦書」も同じです。

面接がない学校の場合は、この「志望動機欄」が唯一の意思表示の場です。「この学校に入りたいのです」という気持ちを願書でしっかり伝えましょう。

書き終わった入学願書は必ずチェックします。お父さん、お母さんにも見てもらいます。その際、捺印の漏れがないかを、まず、チェックしてもらいます。このミスが最も多いのです。

また、記入欄のずれがないかも確認します。小学校の卒業年度、中学校の卒業見込み年度などの数字も間違いやすいポイントです。学校によって元号で記す場合と西暦で記入する場合があります。

ふりがなについては、「ふりがな」とあるときはひらがなで、「フリガナ」とあるときにはカタカナで記入するのが常識ですが、これを間違えたとしても問題はありません。

私立高校の場合は、複数の試験日程のうち、自分が受験する日に○印をします。受験日が間違っていないか、よく確認します。

「緊急連絡先」の欄は、受験時のトラブル対処のためのものですが、合格発表時に補欠であった場合の「繰り上げ連絡」に使われますので、すぐに連絡が取れる電話番号を書き込みます。携帯電話の場合は、受験生本人ではなく保護者の携帯番号の方が無難です。この場合、父、母、また、持ち主の氏名を書いておきましょう。

複写式の願書や提出書類もあります。必要なページに複写されているかを確認します。厚紙をはさむ場所を間違え、書き込んだはずの文字がすべて写っていなかったり、ページが折れていて複写に失敗している場合もあります。

最後に、入試要項や「入学願書記入上の注意」を読み直して再確認します。

写真の貼り方などに細かい注意事項がある学校もあります。

「入学志願者調査書」や「校長推薦書」は、通学している中学校の担任の先生に手渡して記入してもらいます。「調査書」は、封入する封筒がついていますので、これも渡します。「調査書」は極秘書類です。絶対に開封してはいけません。もし、なんらかの理由で「調査書」を提出しない場合は中学校に返還します。

もし、記入ミスが見つかった場合は、もう1通願書を取り寄せ、ミスした1枚全部を書き直します。それが難しければ、間違えたところを線2本で消し、そのうえに正しい記述をしたあと印鑑を押します。訂正印（訂正用の小さな印鑑）があれば使用します。注意書きに「訂正する場合は…」が示してあるときはそれに従います。

■願書提出時も要注意

入学願書提出には窓口持参と郵送とがあります。一度に複数校の願書を記入した場合、他校の封筒と混同して封入する誤りが起きますので、1校ずつ、記入→封入を行うようにします。

窓口持参の場合も、同じ日に2校をまわる場合、他校の書類を窓口に出してしまう失礼のないようにしましょう。

窓口持参の場合、願書記入時と同じペンと、捺印で使用した印鑑を携帯しましょう。窓口事務所で記入漏れの指摘を受けた場合に、その場で修正できるからです。前述した捺印漏れも意外に多い落とし穴です。印鑑は持って行くようにしましょう。

郵送の場合には、締切ぎりぎりの投函は避けましょう。窓口持参の場合は、土日に受付があるか、また、受付時間帯も確認します。とくに最終日は要チェックです。

提出する封筒にはあらかじめ「○○高等学校入学願書受付係行」などと印刷してあります。この「行」は2本線で消して「御中」と書き直します。「学校長殿」の場合はそのままにします。

また、返送されてくる受験票に印刷してある、自分の名前を書く欄には「　　様」と印刷されています。この「様」を消すかどうかという質問を受けることがありますが、この「様」はそのままでかまいません。もし、消したとしても学校側は再度「様」を書き足し、返送してきます。

返送されてきた受験票は、透明ファイルなどで学校別にわけて保管します。入試当日に他校の受験票を持っていくなどのアクシデントが起きないように注意します。

■「自己推薦書」の書き方

さて、高校入試の提出書類の書き方で多くの相談を受けるのが「自己PRカード」や「自己推薦書」の書き方です。

東京都立高校の「自己PRカード」は、2011年度入試から面接実施校だけ出願時に提出することになりました（点数化せず面接資料となる）。推薦入試では全校で面接を実施するので必ず提出しますが、一般入試では多くの学校で事前提出が不要となりました（面接を行わない学校では、合格決定後に提出する）。

神奈川の公立高校（前期選抜と後期選抜の一部）では「自己PR書」の提出が必要ですし、千葉の公立高校（前期選抜）では志願理由書に「自己アピール記載欄」があります。私立高校などでは自己推薦の書類を提出する学校も多くあります。

自己推薦書を書く前に、その学校が「望んでいる生徒像」が、各校のホームページに掲載されていますので、まず一読しておく必要があります。

そして、書き方の基本は、「自分の言葉」で表現するということです。

高校の入試担当の先生は、多くの自己推薦書を読むわけですから、「受験案内書籍」の例文まる写しや語句を変更しただけの文面には、すぐに気がつきます。志望意欲に疑問を持たれないとも限りません。

東京都立の面接の場合のように、自己PRカードが面接資料とされる場合などでは、それをもとに、受験生の真意を尋ねられるわけですから、自分の言葉で書いていない場合には、ちぐはぐな応対となってしまうでしょう。

本当に自分を推薦できるところはどこなのか、しっかりと考えて書きましょう。もし、わからなければ、家族や友だち、塾の先生などに気軽に相談してみましょう。客観的な見方からヒントがつかめるかもしれません。

● 国府台女子学院高等部

【問題】

1辺の長さが2㎝の正六角型ABCDEFがあり，点G，Hはそれぞれ辺AF，CDの中点である。このとき，次の各問いに答えよ。

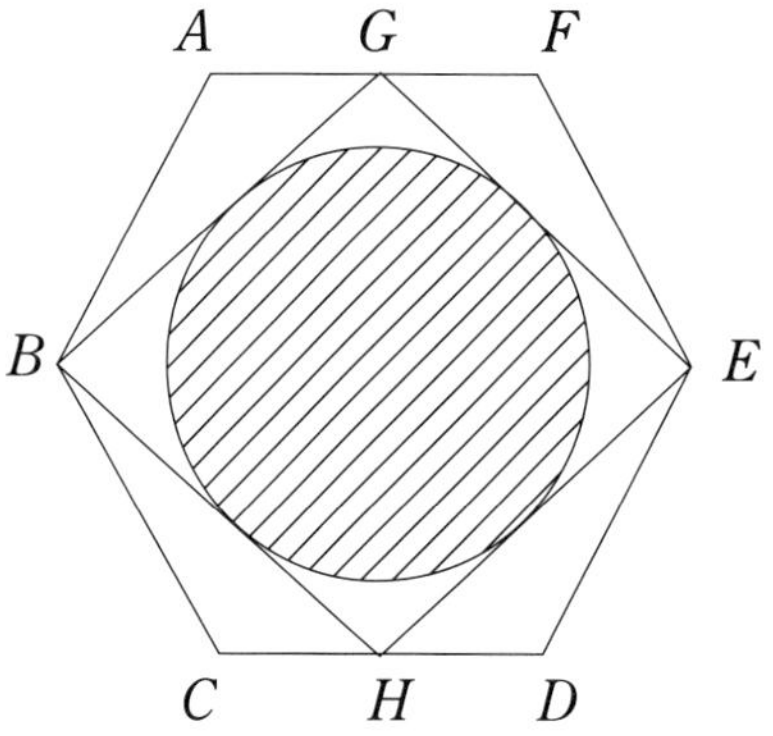

（1）線分GHの長さを求めよ。

（2）四角形BHEGの内部に接している円の面積を求めよ。（図の斜線部分の面積）

解：（1）$2\sqrt{3}$㎝　（2）$\frac{12}{7}\pi$㎠

千葉県市川市菅野 3 -24- 1
JR総武線「市川」徒歩12分、
京成線「市川真間」徒歩5分
TEL：047-326-8100
http://www.konodai-gs.ac.jp/

● 駒澤大学高等学校

【問題】

右の図は，1辺の長さが8㎝の立方体である。点P，Qはそれぞれ辺EF，FG上の点であり，線分PQは，正方形EFGHの対角線EGに平行であるとする。

このとき，次の各問いに答えなさい。

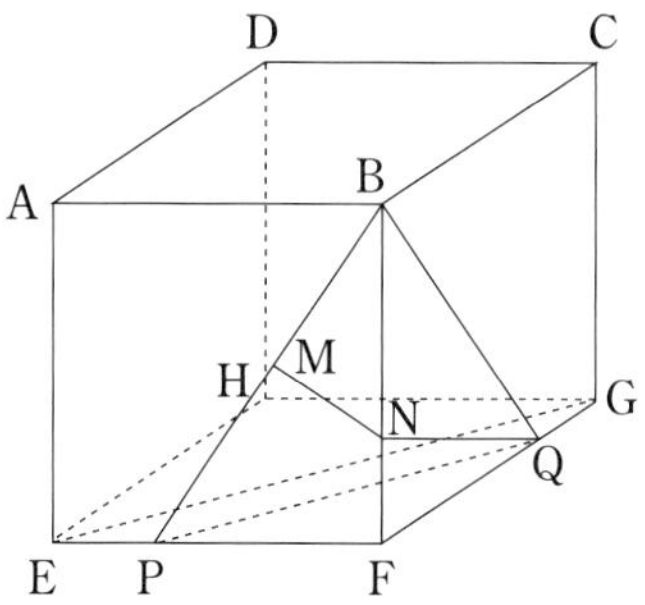

（1）対角線AGの長さを求めなさい。

（2）△PFQを底面とし，点Bを頂点とする三角錐の体積が48㎤となるとき，EPの長さxを求めなさい。ただし，$0 < x < 8$とする。

（3）（2）において，点Mは辺BPの中点で，点Nは辺BF上の点であるとき，MN＋NQが最短となる長さを求めなさい。

（1）$8\sqrt{3}$　（2）2㎝　（3）$\sqrt{97}$㎝

東京都世田谷区上用賀 1 -17-12
東急田園都市線「桜新町」「用賀」徒歩13分
TEL：03-3700-6131
http://www.komazawa.net/

学校見学会 ※予約不要
1月15日(日)10:00～／14:00～

● 順天高等学校

東京都北区王子本町１-17-13
JR京浜東北線・地下鉄南北線・都電荒川線「王子」徒歩３分
TEL：03-3908-2966
http://www.junten.ed.jp/

【問題】

右図のようにＡＢ＝ＡＣ＝13，ＢＣ＝10である二等辺三角形ＡＢＣに円Ｏが内接している。このとき，円Ｏの半径は$\dfrac{\boxed{ア}\boxed{イ}}{\boxed{ウ}}$であり，さらに辺ＡＢ，ＡＣ，円Ｏに接する円Ｏ′の半径は$\dfrac{\boxed{エ}\boxed{オ}}{\boxed{カ}\boxed{キ}}$である。

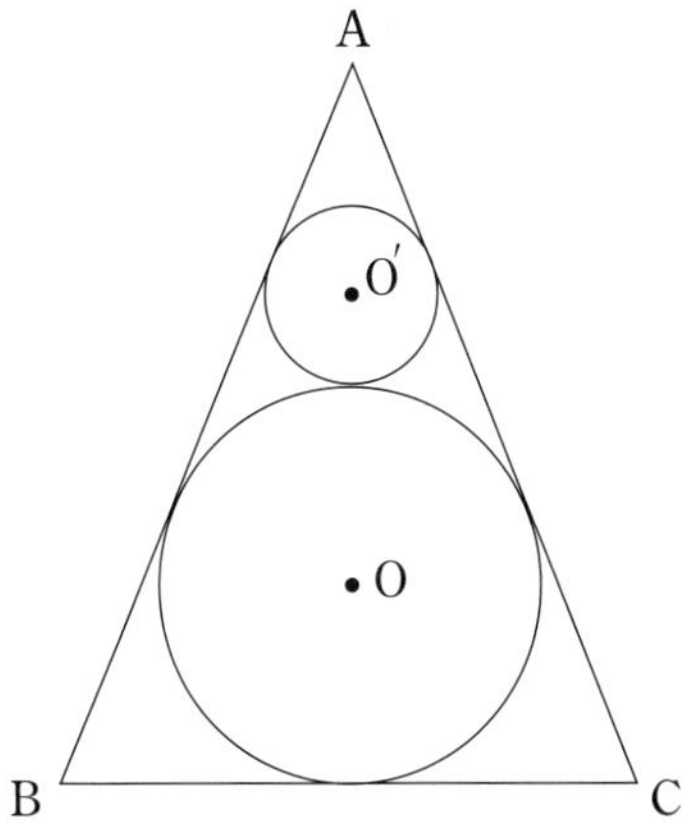

解：（1）ア=1、イ=0、ウ=3　（2）エ=4、オ=0、カ=2、キ=7

私立高校の入試問題に挑戦!!

● 聖セシリア女子高等学校

神奈川県大和市南林間３-10-１
東急田園都市線「中央林間」徒歩10分、小田急江ノ島線「南林間」徒歩５分
TEL：046-274-3727
http://www.cecilia.ac.jp/

【問題】

右の図のように、正方形ＡＢＣＤの辺ＡＤ上に点Ｅがある。線分ＣＥに頂点Ｂ，Ｄから垂線を引き、ＣＥとの交点をそれぞれＦ，Ｇとする。このとき，次の問いに答えなさい。

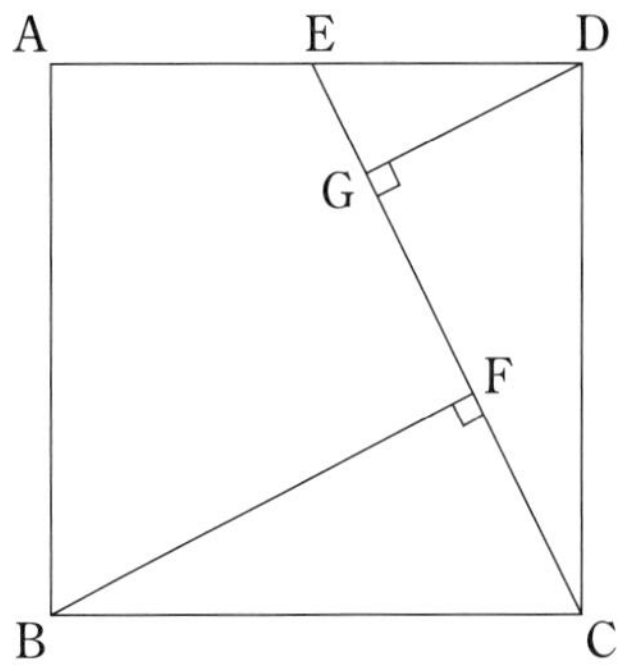

（１）△ＤＥＧ∽△ＢＣＦを証明しなさい。

（２）正方形の１辺の長さが４で、点Ｅが辺ＡＤの中点のとき、ＧＦの長さを求めなさい。

解：（1）△ＤＥＧと△ＢＣＦにおいて、∠ＤＧＥ＝∠ＢＦＣ＝90°…①
ＡＤ∥ＢＣより∠ＤＥＧ＝∠ＢＣＦ（錯角）…②
①，②より2組の角がそれぞれ等しいので△ＤＥＧ∽△ＢＣＦ（証明終）（2）$\frac{4\sqrt{5}}{5}$

中学生のための

学習パズル

問題

Q 歴史クロスワードパズル

平安末期～鎌倉初期の日本の歴史に関するクロスワードです。カギをヒントにマスに言葉を入れてクロスワードを完成させてください。

最後にＡ～Ｆのマスの文字を順に並べると、この時代に著された文学作品があらわれます。この作品の作者はだれでしょうか？　次のア～ウから選んでください。

ア 鴨長明　　イ 藤原定家　　ウ 源実朝

1	2	B	■	3D	4	5	
6		■	7			E	■
8		9		■	10		11
F	■	12		13	■	14	
15	16		■	17	18A		■
19		■	20			■	21C
■	22	23		■	24	25	
26							

【解き方のヒント】

●タテのカギ

1　1221年、後鳥羽上皇が鎌倉幕府打倒の兵をあげた○○○○○○の乱
2　大都会の中心部
3　日が暮れてまだ間もないころ
4　武士の生活は、貴族と比べてぜいたくでなくつつましかった
5　外国と商取引を行うこと。この当時は、宋と貿易を行っていた
7　源頼朝は1192年○○○大将軍に任ぜられ、武家政治が始まりました
9　はっきりとは見えないが、なんとなく感じられる様子
11　よくも悪くもない、普通
13　害虫などを追い払ったり、殺したりすること
16　高く険しい山々
18　念仏の教えを広めた浄土宗の開祖
20　平氏の全盛期を築いた○○○清盛
21　自分自身の力で警戒・警備すること
23　打ち破ること
25　役に立たないこと。○○口、○○遣い

●ヨコのカギ

1　鎌倉幕府が荘園を管理支配するために全国に設置した職名
3　平家一族を打ち破った最大の功労者だったが、後に兄である頼朝と対立し最後は衣川で自刃した悲劇の英雄
6　植物のアシの別名。○○の髄から天井をのぞく
7　あることについてくわしく知っていること
8　快慶との共作の東大寺南大門仁王像で知られる鎌倉前期の仏師
10　他人に贈る物をへりくだっていう語
12　五、七、五
14　○○、書き、そろばん
15　油絵のことです
17　「正午の○○○をお知らせします…ピ、ピ、ピ、ポーン!」
19　○○試しに宝くじでも買ってみようかな
20　いろいろなものがあること。多種○○○
22　絵につけられた題名。絵のテーマ
24　○○○覚ましに、コーヒーを飲もう
26　タテ１の乱後、京都の政情を監察し治安を維持するために設置した、執権に次ぐ重職

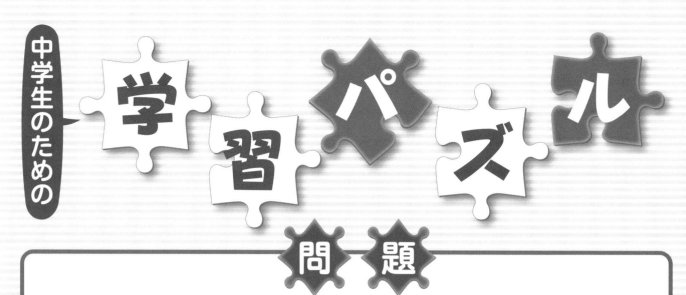

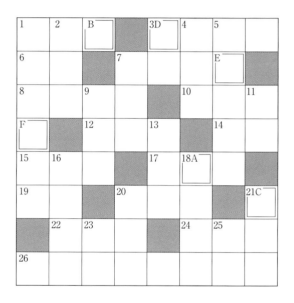

11月号の答え

Q おにぎり探偵団

A 左から順に、おかか、梅干し、明太子、鮭

問題

今回は、おにぎりの中身と並び順を推理するパズルです。

☆はどれか1つのおにぎりが、中身の種類は合っているけれども位置が違っていることを表しています。また、★はどれか1つが中身も位置も正しいことを表しています。

右の例では、①、②より3つのおにぎりは、左から梅干し、鮭、たらこの順で並んでいることがわかります。

例を参考にして、下の4つのおにぎりの中身と並び順を当ててください。

ただし、おにぎりの中身は、ツナマヨ・鮭・梅干し・たらこ・おかか・昆布・高菜・明太子のどれかで、おにぎりの種類はすべて違っています。

【例】

①	梅干し	ツナマヨ	たらこ	★★
②	ツナマヨ	鮭	梅干し	★☆

正解は ⬇

梅干し	鮭	たらこ

①	梅干し	ツナマヨ	鮭	おかか	☆☆☆
②	昆布	梅干し	ツナマヨ	鮭	★★
③	高菜	梅干し	おかか	ツナマヨ	★☆
④	ツナマヨ	鮭	梅干し	たらこ	☆☆

➡

解説

①と④の条件から、4個のおにぎりのなかに「おかか」は含まれていて、「たらこ」は含まれていないことがわかります。また、「ツナマヨ」「鮭」「梅干し」のうち2つが含まれていることもわかります。

その結果、②から「昆布」は含まれず、③から「高菜」も含まれないことが分かります。また、③から「ツナマヨ」と「梅干し」のどちらかが含まれていないこともわかりますので、②から「鮭」は含まれていることになり、並び順は4番目の位置が正しいことがわかります。

ここで、もし「ツナマヨ」が含まれているとすると、その位置について、②と③とで矛盾が起こります。ですから、「ツナマヨ」は含まれておらず、「梅干し」が含まれていて、並び順は2番目の位置が正しいことがわかります。

以上のことから「おかか」の位置は1番目ということになり、消去法で「明太子」が3番目の位置に来ることになります。

11月号学習パズル当選者（全正解者88名）

★大島　里香さん（東京都北区／中2）
★田中　祐司くん（東京都小平市／中3）
★白川　綾乃さん（神奈川県座間市／中2）

応募方法

★必須記入事項

01.クイズの答え
02.住所
03.氏名（フリガナ）
04.学年
05.年齢
06.アンケート解答「2012年NHK大河ドラマ特別展　平清盛」の招待券をご希望のかたは、「招待券希望」と明記してください。

◎すべての項目にお答えのうえ、ご応募ください。
◎ハガキ・FAX・e-mailのいずれかでご応募ください。
◎正解者のなかから抽選で3名のかたに図書カードをプレゼントいたします。
◎当選者の発表は本誌2012年3月号誌上の予定です。

★下記のアンケートにお答えください

A.今月号でおもしろかった記事とその理由
B.今後、特集してほしい企画
C.今後、取りあげてほしい高校など
D.その他、本誌をお読みになっての感想

◆2012年1月15日（当日消印有効）

◆あて先
〒101-0047　東京都千代田区内神田2-4-2
グローバル教育出版　サクセス編集室
FAX:03-3253-5945
e-mail:success15@g-ap.com

サクセス広場

お便りコーナー

これが欲しい、クリスマスプレゼント！

マイクと録音用の機材です。歌うことが大好きなので、たくさんの人に楽しい気持ちになってもらうため、好きな歌を歌って、動画サイトなどに投稿するのが私の夢です！
（中２・ハッカさん）

ネックレスが欲しいです。周りの友だちはみんなおしゃれな服やアクセサリーを持っていて、うらやましいです。来年は高校生になるので、私も欲しいです。
（中３・ジングルベルさん）

高校の合格手形が欲しいです。これさえあれば勉強しなくていいのに…。
（中３・後藤くん）

鈴木福くんみたいな弟が欲しいです。あんな弟がいたら私は毎日癒されて受験勉強ももっと頑張れます！
（中３・F・Sさん）

ハムスターのかごが欲しい！！　ハムスターはおこづかいでなんとかなりそうだけど、かごはちょっと高いので…。（中１・まりあさん）

携帯が欲しいです。でも両親ともダメって言うんですよ。みんなとメールしたい！（中２・アイポンさん）

高校行ったら○○がしたい！

英語も好きだし、外国に行ってみたいので、高校では**語学研修に参加して、異文化に触れてみたい**です!
（中３・M・Mさん）

部活です。野球に命をかけてるんで、**絶対に甲子園に行きたい**です。
（中２・めざせ☆ひゅうまさん）

恋がしたい！　通ってる学校にかっこいい人がいません。恋がしたい、恋がしたい。（中３・肉食系女子さん）

文化祭の実行委員になりたいです！　第1志望の高校は文化祭がすごくて有名で、憧れているからです。それをめざして勉強頑張ります!
（中２・TONさん）

友だちと漫才コンビを組みます。それで東大にも合格して、ロザンを超える東大出身漫才師になってやる!（中2・ひろしさん）

本をたくさん読みたいです。高校の図書館は中学の図書館よりたぶん広くて本もいっぱいあると思うので…。たくさん借りて読みたいです。（中３・K・Dさん）

校内のお気に入りスポット

屋上です。ベンチがあるので、お昼を食べたり、放課後に友だちと話をしてます。青空見るのも好きだし、心も晴れ晴れするんです。
（中１・A・Aさん）

図書室が好きです。吹き抜けになっていてすごく綺麗で、しかも静かなので勉強に集中できます。
（中１・ハイジさん）

トイレです。ウチの学校のトイレはキレイなので、放課後自習中に煮詰まったらそこでボーっとして気持ちを切り替えます。
（中３・べ、べつにボッチなわけじゃないからね！さん）

校舎の間の渡り廊下がお気に入りです。休み時間や放課後に友だちとずっとしゃべっています。
（中２・はなきさん）

【募集中のテーマ】

『バレンタインの思い出』
チョコの準備は…？

『大好きなお菓子!』
やめられない、止まらない!?

『オススメ健康法』
めざせ皆勤賞!!

応募〆切 2012年１月15日必着

必須記入事項
A、テーマ、その理由
B、住所
C、氏名
D、学年
E、ご意見、ご感想など

ハガキ、FAX、メールを下記までどしどしお寄せください！
住所・氏名は正しく書いてください!!
ペンネームは氏名のうしろに（ ）で書いてネ！
【例】サク山太郎（サクちゃん）

〒101-0047　東京都千代田区内神田2-4-2
グローバル教育出版　サクセス編集室
FAX：03-3253-5945
e-mail:saccess15@g-ap.com

掲載にあたり一部文章を整理することもございます。
個人情報については、図書カードのお届けにのみ使用し、その他の目的では使用いたしません。

掲載されたかたには抽選で図書カードをお届けします！

ケータイから上のQRコードを読み取り、メールすることもできます。

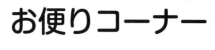

Pet博2012 in 幕張
1月7日(土)～9日(月)
幕張メッセ

ペットといっしょに楽しめる 国内最大級のペットイベント

1994年に大阪で始まったペットとペット関連用品の総合イベントであるこのペット博は、ペット関連の展示会としては国内最大級のイベントとなっている。今回の幕張での開催では、ペットの展示ほか、実際に抱いたり、触れたりできるふれあいコーナーやしつけ教室、乗馬体験など、多数のイベントが用意されている。もちろん自慢のペットも同伴ＯＫ！　動物といっしょに１日を楽しもう！（一部有料イベント）

2011押絵羽子板と特産品まつり
12月23日(金)～25日(日)
春日部駅　東口改札前

一流の伝統工芸品を 見て触れて、本物を知る

毎年その美しい装飾で年末になると話題になる羽子板。春日部市が誇る伝統工芸のこの押絵羽子板と、桐箪笥《きりだんす》や桐箱、麦わら帽子などの伝統的手工業の特産品が春日部駅東口にずらりと並ぶ。まつり会場には職人が手がけた最高級品のみが展示され、職人による実演コーナーが設けられるなど､伝統文化に触れることができる。なかなか目にすることのない、「本物の仕事」を見てみよう。

目黒川みんなのイルミネーション2011
11月18日(金)～12月25日(日)
品川区立五反田ふれあい水辺広場､目黒川沿道

目黒川沿いで楽しむ 夜空に浮かぶ冬の桜

桜の名所として、春には多くの人でにぎわう目黒川沿いに、いま「冬の桜」が咲き誇っている。目黒川沿いの桜の木がLEDライトで装飾され､冬の夜に光る桜並木が創り出されている。今年で２回目となるこの試み、今年のテーマは「エネルギーの地産地消」。地域の家庭や飲食店から廃食油を回収、リサイクルして発電し、環境に優しいエネルギーとしてイルミネーションを灯している。

サクセス イベント スケジュール
12月～1月
世間で注目のイベントを紹介。

●イルミネーション

今では、冬の夜の風物詩としてさまざまな街で輝くイルミネーション。その起源は宗教改革で知られるドイツのマルティン・ルターが、木の枝にろうそくを飾ったことだと言われている。近年では、消費電力の少ないLEDの普及で、イルミネーションを行う街が増え、冬の街がいっそう明るく彩られるようになっている。

「My friend Teddy bear 展」
12月7日(水)～25日(日)
松屋銀座

ミュージアムベア2012
©Margarete Steiff GmbH 2011

生誕110年を記念して 世界のテディベアが大集合

世界中で愛されているクマのぬいぐるみ・テディベア。テディベアは、世界最古のぬいぐるみメーカーであるドイツのシュタイフ社によって1902年に作られたとされている。このテディベアの生誕110年を記念した展覧会が松屋銀座で行われる。シュタイフ社のミュージアムコレクションを中心に世界最古のベア「28PB」、ダイヤモンドをちりばめた「125カラットテディベア」など、約200点がものベアが展示される。

2012年NHK大河ドラマ特別展 平清盛
1月2日(月)～2月5日(日)
江戸東京博物館

国宝 金銀荘雲龍文銅製経箱（平家納経納置）平安時代／厳島神社蔵

「2012年NHK大河ドラマ特別展 平清盛」の招待券を5組10名様にプレゼントします。応募方法は75ページを参照。

大河ドラマの世界を見る 「平清盛」が生きた時代

NHKの大河ドラマ「平清盛」に合わせて開かれる特別展。平清盛の生涯はもちろん、平氏の守り神であった厳島神社に伝えられる多数の至宝の数々、この時代の文化を知ることができる肖像画や書、絵画など、平清盛が活躍した時代を紹介する。大河ドラマを見るにあたり、合わせて見ておくと、時代背景や情景がよくわかり、いっそうドラマを楽しむことができるだろう。

ジャンプフェスタ 2012
12月17日(土)･18日(日)
幕張メッセ

ジャンプの人気キャラクターが 幕張メッセに一堂に集結

「週刊少年ジャンプ」「Vジャンプ」「ジャンプSQ.」「最強ジャンプ」の４誌合同で行われる年末恒例イベント・ジャンプフェスタが今年も開催される。「ONE PIECE」などの人気作品のステージ、グッズ販売、生原画などのさまざまな展示ブースが並び、見所いっぱい。ここでしか買えない限定グッズなどもあり、大人から子どもまでジャンプファンなら是非行きたいところだ。

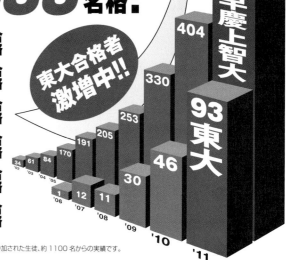

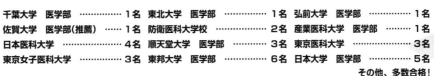

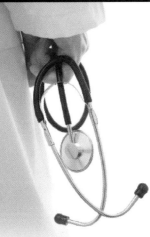

ご提案型の教育旅行会社って？

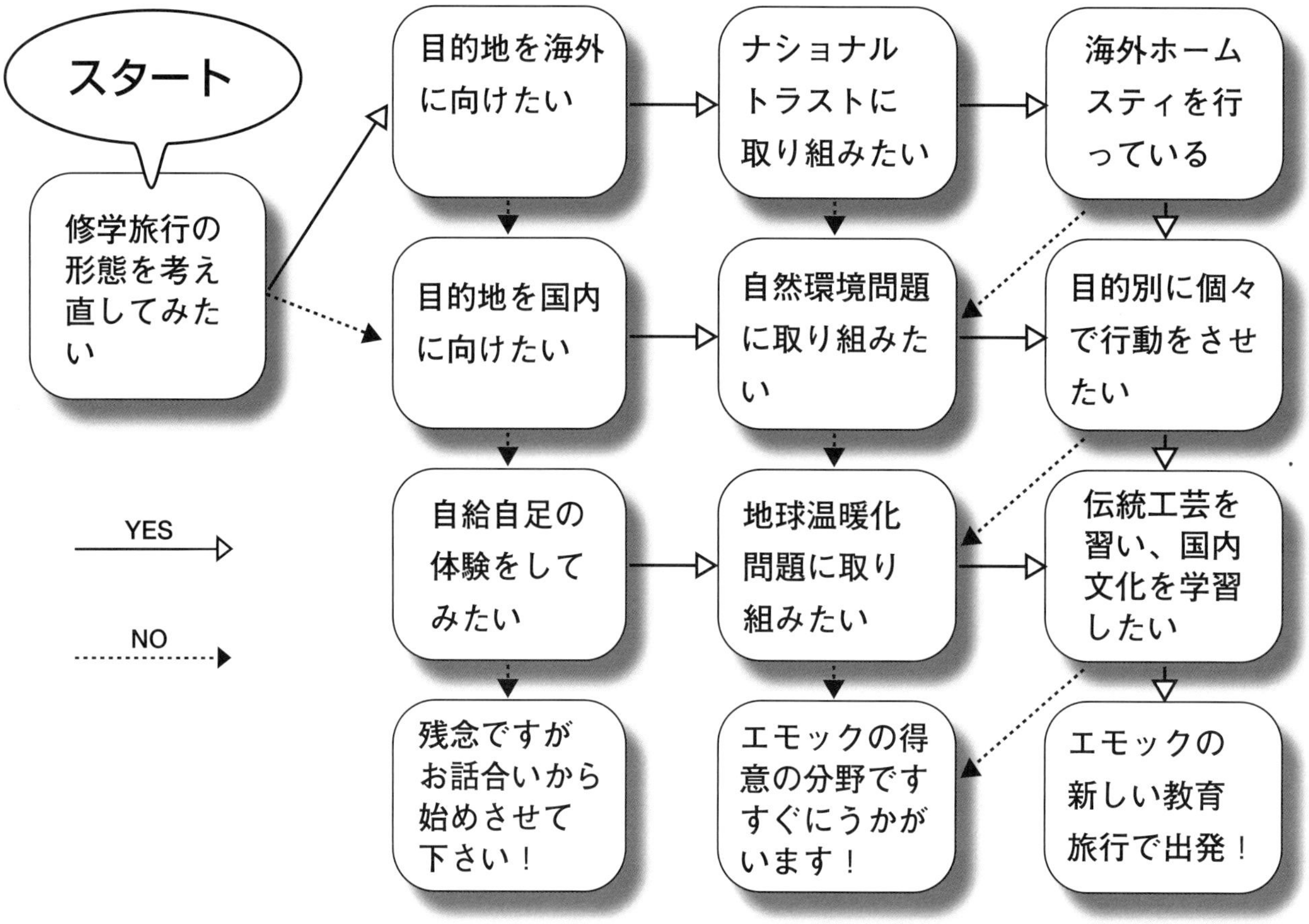

従来の名所旧跡を訪ねる修学旅行から、最近ではさまざまなテーマを生徒個々または小グループごとにコンセプトメークしひとつの社会貢献の一環として、位置づける学習旅行へと形態移行しつつあります。

小社では国内及び海外の各種特殊業界視察旅行を長年の経験と実績で培い、これらのノウハウを学校教育の現場で取り入れていただき、保護者、先生、生徒と一体化した旅行づくりを行っております。

一例

- 海、山、川の動物、小動物の生態系研究
- 春の田植えと秋の収穫体験、自給自足のキャンプ
- 生ごみ処理、生活廃水、産業廃棄物、地球温暖化などの環境問題研究
- ナショナルトラスト（環境保全施設、自然環境、道の駅、ウォーキング）
- 語学研修（ホームスティ、ドミトリー、チューター付研修）など

[取扱旅行代理店]　**（株）エモック・エンタープライズ**

担当：山本／半田

国土交通大臣登録旅行業第1144号
東京都港区西新橋1-19-3　第２双葉ビル２階
E-mail:amok-enterprise@amok.co.jp

日本旅行業協会正会員（JATA）
☎ 03-3507-9777（代）
URL:http://www.amok.co.jp/

From Editors

年末年始はクリスマスやお正月などイベントごとが多く、受験生には世間の雰囲気がちょっとツラい季節かもしれません。しかし、冬休みは受験を前にじっくり時間の取れる最後の期間です。早い人だと受験まであと1カ月ちょっとだと思います。ここで浮かれることなく、最後の仕あげのつもりで気を抜かずに頑張ってください。みなさんはこれまでも頑張ってきたのだから大丈夫！　受験勉強でみなさんは大きく成長しています。地に足をつけて勉強してきたことは、必ず自分の力になっています。これまでの自分を信じて、ラストスパートです!!（Y）

Information

『サクセス15』は全国の書店にてお買い求めいただけますが、万が一、書店店頭に見当たらない場合には、書店にてご注文いただくか、弊社販売部、もしくはホームページ（下記）よりご注文ください。送料弊社負担にてお送りいたします。

定期購読をご希望いただく場合も、上記と同様の方法でご連絡ください。

Opinion, Impression & etc

本誌をお読みになられてのご感想・ご意見・ご提言などがありましたら、ぜひ当編集室までお声をお寄せください。また、「こんな記事が読みたい」というご要望や、「こういうときはどうしたらいいの」といったご質問などもお待ちしております。今後の参考にさせていただきますので、よろしくお願いいたします。

◆サクセス編集室
TEL　03-5939-7928
FAX　03-5939-6014

高校受験ガイドブック2012 1 サクセス15

発行　2011年12月15日　初版第一刷発行
発行所　株式会社 グローバル教育出版
〒101-0047 東京都千代田区内神田2-4-2
TEL　03-3253-5944
FAX　03-3253-5945
http://success.waseda-ac.net/
e-mail　gokaku@g-ap.com
郵便振替　00130-3-779535
編集　サクセス編集室
編集協力　株式会社 早稲田アカデミー

Success15 1月号

Next Issue

2月号は…

Special 1

入試直前対策！

現役高校生の体験談
残り10日の過ごし方

Special 2

勇気が出る言葉集